全新图解版

女人受益一生的
9堂口才课

美人沙龙/编著

夏易恩/绘图

中国华侨出版社

北京

让肢体语言为你的人际加分

1条信息的传递＝7%言语＋38%语音＋55%表情

有关言语、语音、表情在信息传递的过程中所占的比例，虽然有必要做进一步的研究和探讨，不过这个公式也传达出一个不得不重视的重点——无声语言在人际交流中所产生的作用，其实远比我们想象的更强大。

一个真正会说话的女人，不仅会用嘴说，还会用表情、肢体语言，甚至是智慧、情商来辅助；事实上，肢体语言本来就是人们用来传情达意的一种方式，通过眼神、表情、手势或姿态，把自己的心意传达给对方知道。

在许多人际交流如交谈、宴客、演讲甚至谈判之中，有些无法或不适合用言语表达的意思，往往需要表情、动作和姿态的辅助，产生加深语义和语感的功效，这就是接下来的篇章所要强调的肢体语言说话法。

有时候，经过精心设计、周密考虑的语言，往往不能表露一个人的心态甚至是心中欲传达的信息，这时，肢体语言就发挥了不可或缺的辅助效果。

因此，不仅说话者需要借助无声语言的辅助作用，倾听者也需要借助对方的脸部表情、身体动作、仪表举止来捕捉隐藏在有声语言之后或之外的"真意"。在人际交流之中，若能把有声语言和无声语言结合起来，确实有助于倾听者更清晰、更准确地

获取信息，减少信息传递的误差，增加信息传递的品质，达到更好地了解和沟通的目的。

在信息交流之中，表情动作不仅伴随说话者的有声语言出现，倾听者这一方在接收信息的过程中，也会出现一连串的表情动作。这是一种重要的回馈，是倾听者心里做出的反应。因此，说话的一方便可以从听话的一方的表情中，知道自己所说的是被"接受"或是"拒绝"，是"相信"或是"怀疑"，甚至可以从这些回馈的动作信息中了解到对方的态度、个性、文化程度、知识水准和真实动机。

一个真正会说话的女人，必须做到能够拒绝别人，又不得罪人，还能得到别人的谅解，把对方的失望或不愉快控制在最小的范围内，这才是一个及格的人际语言专家。

假如老是硬邦邦地回绝别人，对方心中的不满和不快一定会增加，进而对你产生反感，影响彼此之间的关系；相反，若能用诚恳的态度及恰当得体的语言来表达，多少可以减少对方心中的不快或失望，甚至还可以获得对方的谅解或认同，这样不就皆大欢喜了吗？

用"心"说话，一点儿都不难。

目录

第四课 长得漂亮只养眼，说得漂亮得人心

第五课 牢记小技巧，说话没烦恼

第九课 社交女王的幽默高级班

第一课
慧眼识心，
聪明女人巧说话

美国作家爱默生曾经这样说：
"人的眼睛和舌头所说的话一样多，
不需要字典，就能够从眼睛的语言中了解整个世界。"

主角人物介绍

A 小姐（Angel）

善于运用说话技巧
赢得好人缘的时尚女子

B 小姐（Barbie）

不懂说话技巧
经常不小心得罪人的直率女孩

C 先生（Charles）

长得很帅，有事业心
自信十足的时尚男性

表情语言

有时候，难以说出口的话，可以通过表情传递给对方；善用我们的表情，展现真实的心情，就是委婉的说话方式。

表情，指的是人的脸部表情，在身体语言中，脸部表情的"词汇"最丰富，也最富有表现力，能够最迅速、最灵敏、最充分地反映出人类的各种感情，如喜爱、高兴、悲伤、快乐、怨恨、惧怕、失望、怀疑、忧虑等。

脸上的复杂迷宫

复杂的形式，如悲喜交加的情感、又爱又恨的心理、既紧张又高兴的情绪，无怪乎法国著名作家罗曼·罗兰说："面部表情是多少世纪培养成功的语言，是比嘴巴讲的更复杂千百倍的语言。"

脸部表情由脸色的变化、肌肉的收缩及眼、眉、鼻、嘴的动作所组成。

①脸色的变化

脸色不但能展现你的健康状况，也是心理状态的展露，如满面红光、容光焕发是兴高采烈的表现；脸色绯红是害羞的表示；面红耳赤是激动或羞涩的反应；脸色铁青说明非常的生气或愤怒；脸色苍白也许是紧张，也许是身体不舒服；黑里透红则是健康的象征；面有菜色则表示营养不良。

对啊，呵呵呵……

你最近气色真好，谈恋爱啦？

② 肌肉的收缩

肌肉的收或展,也是感情的自然流露,如笑逐颜开是心情愉快的表现;眉头深锁是忧虑不安的反应;板着脸则说明心里不高兴。

③ 眉毛的动作

可以强化或减弱眼睛传递信息的作用,如果说眼睛是最佳主角,那么眉毛就是最佳配角,但即使如此,眉毛的表情动作仍多达二十几种。

皱起眉头——怒   八字眉——哀

眉毛弯弯——喜   挑高眉——乐

魅力小提醒

罗曼·罗兰说:"面部表情是多少世纪培养成功的语言,是比嘴巴讲的更复杂千百倍的语言。"

1 微笑传达的信息,往往能促进双方沟通、融合双方感情,使之产生"共振效应"。

2 当谈话取得一定的效果、谈判达定某种协议的时候,双方若能会心地微微一笑,就能减弱或消除心中的芥蒂和隔阂,而增进彼此之间的理解和友谊;当交际或谈判出现僵局而气氛紧张时,恰当的言语配合适度的微笑,常能缓解气氛,成为"调和剂"。

3 各种不同的笑容，可以替代有声语言表达出人们内心复杂的思想和感情，只要稍加留意，你就可以从不同的笑容之中了解一个人态度的真诚或虚伪、处世的单纯或老练、心地的善良或丑恶、内心的满意或失望……进而选择一套适当的对策，作为与人交际的筹码。

④ 嘴巴的表情

五官之中，嘴的表现仅次于眼睛，嘴的开或合，嘴角下垂或上扬，都能传递不同的信息，其中又以笑容为最具魅力、最生动的表情语言。

在人际交往中，嘴角的那抹微笑不仅是招呼新朋友的手段，有时也是一种婉拒的方法。当你没兴趣聊八卦，却又不便拒

绝别人时，不妨轻轻一笑，既可达到拒绝的目的，又不会得罪对方。因此，人们大多把微笑视为一个拒绝无聊的、不近人情的、难以回答问题的手段。

人际OX题

1 发现自己的言谈无法说服对方时，你应该……

哦～是这样啊!!!（理解的笑容）

适时加入表情语言来打动对方

就你说……怎么讲什么都不听呢？

用更多的言语拼命说服打动对方

2 想要打入对方的内心世界，博取对方的信任时，你的目光应该……

您可以给我几分钟时间吗？谢谢您！

以真诚热情的眼神直视对方

坦白说……其实是……

眼神游移不定，飘忽无神

动作语言

只要多多观察，身体的各个部位都有特定的动作传递一定的信息。

除了脸部表情，身体的各个部位都有特定的动作可以传递一定的信息，只要多多观察，了解各个动作所蕴含的含义，久而久之自然能以恰当的身体语言传递信息。

最有力的工具

当我们在与人交谈时，自以为已经把局势控制住的时候，真实情况可能不是这样。因为，我们的肢体语言，总在不经意的情况下，悄悄地把我们内心真正的感觉透露给对方。如果在谈判桌上，这等于是把底牌亮给对方，我们便没了胜利的筹码！

尤其是手部动作，更要小心注意！和脸部表情一样，手的"词汇"也十分丰富，在人际活动之中，手部常见的动作和传递的信息主要有以下几种类型：

①传情达意18式

1双手指尖相合，形成"教堂尖塔"
——充满自信

2搓手
——有所期待、跃跃欲试

5 握拳
——表示决心、愤怒
或不满，怀有敌意

6 用手撑着头
——不耐烦、厌倦

3 摊开双手
——表示真诚、
坦率

7 以手掩嘴
——表示恐惧或不愿
意让别人听见

4 双手紧握在一起
——精神紧张

8 将手放在下巴
——怀疑

9 把手插入口袋

——不信任

13 用手把头发往后拨，抓抓后脑勺

——心急、烦躁

10 捏弄拇指

——心中紧张，缺乏
自信

14 手放在颈背上

——"防卫式"的攻
击姿势

11 手放在大腿上

——表示镇静

15 不自觉地用手摸脸、搓鼻子、
揉眼睛

——典型的说谎反应

12 托着下巴

——表示真诚、
坦率

17 不停地弹烟灰
　　——表示内心
冲突或不安

16 用手指或笔敲打桌面，
或在纸上涂鸦
　　——不耐烦

18 突然用手把烟头
掐灭
　　——下定决心

在动作语言之中，手是传情达意最有力的工具，透过手的动作所传递的意义，当然不只以上 18 种形式，只要平时多做观察、逐渐积累，久而久之自然能熟练地以恰当的手势动作传递信息，也可以通过别人的手势动作了解对方的心理，为发展良好的人际关系有帮助。

有道理。

你看……所以你说是不是这样呢？

② 握手的礼仪

1 握手时用力太轻，会让对方认为你不热情。

2 握手时用力较重，紧紧握住，是热情、诚恳和力量的反应；力度均匀适中，则表示情绪稳定。

3 握手时拇指弯向下方，不把手全伸出来，表明不愿意让对方完全握住你的手，是对对方的一种藐视。

4 握手时手指微向内曲，掌心凹陷，是诚恳亲切的表示。

5 同时用两只手握住对方的手并且左右摇晃，是热情、欢迎、感激的表现。

6 一接触对方的手随即放开，是冷淡或不愿与人合作的反应。

 魅力小提醒

女人都要懂得握手的艺术

握手时的用力大小、时间长短、握住不同的部位和方式，都是不同情感的流露和表达，要想成为一个受欢迎的女人，应该特别注意握手的方式和礼仪，避免因不当的动作而让信息传递有所误差。

握手有学问

在社交场合中，手的动作以握手用得最多。

握手是一种信息的双向交流，能够表达出许多复杂的情感，是社交活动中不可缺少的礼节和手段，但若要真的发挥传情达意的作用，则必须讲究技巧。正确的握手姿势应该是用手指稍稍用力地握住对方的手掌，对方也应该用手指稍稍用力地回握，时间约1~3秒即可，千万不要过于眷恋地握得太久，否则可是会有点小尴尬！

陈先生，您好您好您好……

这个人也未免太热情了吧

握了好久还不放开

注意腿部动作

在人际交往的过程中，腿部的动作常不自觉地表露出人的潜在意识，如小幅度地抖动腿部、频繁地更换架腿的姿势、用脚尖或脚跟敲打地面、脚踝紧紧交叠，都是紧张不安、焦躁不耐烦的情绪反应，若不稍加注意，可是会让你在别人面前露了馅！

人际OX题

与人握手时，魅力女人会怎么做？

稍加用力地紧紧握住，让对方完全握住你的手，只停顿1~3秒。

死命握着不肯放手，让对方尴尬。

力道过轻，好像你不够热情似的。

姿势语言

肢体语言，除了动态还有静态，其中又以立姿和坐姿与人际关系较为密切。

女人们，可别以为肢体语言都是会动的，其实，除了动态的动作，还包括人们各种静止的姿态，如立姿、坐姿、睡姿、蹲姿等，其中又以立姿和坐姿与人际关系较为密切。

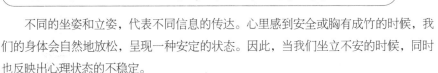

"坐""立"不安　其来有因

不同的坐姿和立姿，代表不同信息的传达。心里感到安全或胸有成竹的时候，我们的身体会自然地放松，呈现一种安定的状态。因此，当我们坐立不安的时候，同时也反映出心理状态的不稳定。

下一次在与别人对话时可以观察一下，看看对方的肢体语言，再决定要不要往下讲！

①立姿的语言

缺少自信、消极悲观、甘居下位的人，站立时往往弯腰驼背；充满自信、乐观豁达、积极向上的人，站立时脊背总是挺得笔直，有时还会把双手叉在腰间。

关系友好、有共同语言的两个人，会自然地并肩站在一起，如果关系更加亲密，站立时的距离更是会不自觉地靠得很近；相反，有隔阂、意见分歧的两个人，站在一起时自然会把距离拉大。

总经理您好！

你好，你好……

19

② 坐姿的语言

根据观察，喜欢并排坐的两个人，一般说来关系较为亲密，共同点也多；若是对方坐得笔直，表示对你或是对你们的谈话内容有兴趣，自然流露出尊敬的姿态；若是弯腰驼背的坐姿，则表示对谈话不感兴趣或感到厌烦。

人要衣装

仪表也是肢体语言中重要的组成部分，不但能表现一个人的文化素养、知识程度、品格情操、身份地位等信息，还能反映习俗和民族文化等特征。

日本经营大师松下幸之助有一次去理发时，理发师曾毫不客气地批评他太不重视自己的容貌，理发师说："你是公司的代表，却这样不重视衣着，别人会怎么想？一定会觉得，如果连老板都这么随便，那公司的产品会好吗？"

这位理发师的话是很有道理的，一个衣冠不整、精神不振的人，在与人接触那一刻开始，就为自己的失败埋下了种子，是不可能赢得他人的好感与信任的。

仪表要端庄，举止要优雅得体

要有端庄的仪表，得先有优雅得体的风度举止，才能由内而外地展现。而美好的风度举止，则来自个人的文化素养和必要的礼节。礼节是待人接物的行为规范，在人际活动中必不可少，体现在每一个人的具体言行上。

① 握手的礼仪

一般由主人、年长者、地位高者和女性先伸手，客人、年轻者、地位低者再伸手与其相握；回握者应该上身下弯、头微低，也可双手齐握对方的一只手，以表示敬意。双手回握这一招，建议各位要学学，如果用双手握住对方伸出的手时，再轻轻左右摇晃，更有一种天真的热情感，保证你很有人气！

握手时，如果你是戴着手套或帽子，握手前要先脱下手套、摘下帽子，眼睛注视着对方，面带微笑，专心看着与你握手的人；如果是男性与你握手，按照基本礼貌，通常他只会轻握一下你的手指，如果对方也这么对你，表示他是一个注重礼节的人，别忘了给他一个甜甜的微笑赞许他一下。

② 致意的礼节

在社交场合遇到认识的人，如果距离较远，一般可举右手打招呼，也可点头致意；如果碰到不是很熟的朋友，则可点头或微笑致意。和朋友或客人送别时，可举手致意，也可挥手或挥帽致意，手挥动的幅度越大，表达的情感越强烈，越能让对方感受你的热情。

③ 谈话时的礼节 (一阵尴尬)

1 别人在与人交谈时，如果未经邀请，最好不要趋前旁听，也不要擅自加入。

2 如有急事需提前离去，应向参与谈话者打声招呼，或事先告知。

3 别人说话时要耐心倾听，不要东张西望、心不在焉，或做些无关紧要的动作。

4 接受邀请后不要轻易更改，万一有事不能如约出席，应尽早向主人解释并说明原因。

哦，好啊！ 跟我们一起聊天吧！ 嗨！你好！

请记住这些谈话的礼节！

5 谈话人数较多时，不要长时间只与一、两个人说话，应不时环顾四周，与在场的人都攀谈几句，不要冷落其他的人，也不要一个人高谈阔论，滔滔不绝地说个不停。

对不起，我迟到了…… 动作快点，全部人就等你一个了！

6 不要无故迟到、早退，一般情况下，长辈、上级、身份高的，可略微晚到些，其他人则应该早到一些，但也不要过早到场，避免麻烦主人或主办人员。

那你们继续玩开心点啊！ 好，经理请慢走！

7 宴会结束后，应该让主宾先退席，然后再陆续告辞，不要一窝蜂地一起离席。

谢谢你啊！ 您先请坐！

8 入座时要先看清自己的座次，不要随意乱坐，先让年长者坐下后再入座。

22

④睡姿也有学问

我们经常会因为出差或是旅行的缘故，与同事或陌生朋友同住一个房间。这时候，睡姿留给别人的印象，简直就代表着你这个人的修养程度，不可不慎哪！

如果在这种短暂亲密相处的时刻，能留给同性朋友一个良好的优雅形象，对日后的人际关系可是有重要影响的！

相对的，如果在这种特别的时刻，留给人的是不好的印象，那你以后的八卦就不仅传不完，还会被归类为丑角，没机会当优雅的女主角了。

魅力小提醒

仪表是肢体语言中的重要部分，不仅能表现文化素养、知识程度、品格情操、身份地位等信息，还能反映生活习俗和民族文化等特征。

1 端庄大方的仪表，还可以从服装打扮上展现出来。

2 服装也是一种信息符号，能反映出一个人的个性和心理状态。通常来说，隆重的、严肃的场合宜穿深色服装，不宜穿得过于花哨；若是一般场合，则可穿得随意一些，不必太过正式。

3 不管在什么场合之中，服饰的选择都应与自己的身份、年龄、气质、环境相配合，注意整洁、大方、得体几个重点，才能显示自己良好的审美观与教养。

猜猜身体说什么

不能只观察一些单一的姿态，必须注意言辞与个别姿态在表达上的一致，以及个别姿态与一连串姿态间的因果关系。

要正确理解由表情、动作、姿态所传递的意义，必须注意解读上述的一些基本原则，否则很可能造成某种错误的认知！

透视姿态的整体行动

在许多情况下，人在产生某种思想意识的时候，人体的许多部分常常会采取"整体行动"，即从不同角度传达一种共同的信息。

在一定的情境中，单一的动作有如单一的词汇一样，有时候也能独立地传达出一个信息，表示出一种完整的意义；但在更多的时候，它必须把单个的动作组合成"句"，才能表达出一个独立完整的意义。

卡莱罗在他的著作《怎样洞察别人》一书中，把此称为"姿态信息群"。

他在书中说："一个姿态不只代表一种意义，如果不了解一个人的姿态信息群组（一连串配合的姿态），没有把他前后的动作加以融会贯通，只单凭某个表情就妄下结论，难免会犯下断章取义的错误而造成误解。所以，不能只观察一些单一的姿态，必须注意言辞与个别姿态在表达上的一致，以及个别姿态与一连串姿态间的因果关系。"

解读姿态信息群组

卡莱罗和其他学者从谈判现场上拍摄了大量的照片资料，并对这些资料进行了反复的分析、研究，归纳出许多"姿态信息群组"。

1 交叉着双手，眼睛紧盯着对方，身体挺得笔直，双腿交叠
→ 谈话的一方对另一方抱持怀疑的"姿态信息"。

2 一个人很快走进屋里，却没有立即坐下，而当别人请他坐下时，他却选了一个尽可能与众人远离的位置，跷起腿、两手抱胸地望着窗外
→ 这一连串的动作都是焦虑不安、紧张担忧、心神不宁的反应。

3 在谈话过程中，对方突然猛拉裤子，在椅子上坐立难安
→ 准备做出某一决定时人们惯有的动作。

4 一个人用手或笔在桌上敲打、抖腿、以脚尖在地板上打拍子，或是双眉紧皱、双唇闭合
→ 表示厌烦的"姿态信息"。

5 谈话进行得很顺利时，一方突然解开外套的纽扣，放下交叉的腿，坐到椅子的边缘，并且更接近隔着自己和对方的书桌、餐桌，或是身子倾向对方
→谈话即将达成共识或谈判即将达成协定的"前奏曲"。

6 身体稍微挪开，以侧身对着对方，不时摸摸鼻子或捏捏鼻子
→典型具有否定意味的姿态。

人际OX题

当 你向某人提出邀约，如何从对方的姿态判定她的真实想法？

好啊……

→面无表情或笑容不自然，表示敷衍了事。

哦，好啊好啊！

→一直点头并开心笑，表示她说的是真的。

魅力小提醒

　　有句俗话说："男抖贫，女抖贱。"虽然不知道有没有根据，但总之，不雅的动作会影响人际关系，女人们可要注意！

　　深入了解人类丰富的肢体语言，是成功掌握沟通技巧的垫脚石。

　　这门学问，可是要经过长时间的练习，才能运用自如。唯有能够透视姿态的整体行动，完全解读姿态信息群组，并且游刃有余地运用在人际交往中，才会拥有好人缘！

善用身体语言的影响力

人的感觉印象中，有77%来自眼睛，14%来自耳朵，9%来自其他感官。你可以在不同场合，运用不同的身体语言，凸显自己的社交魅力！

虽然人们是用语言交谈，用语言传播信息，但语言并不是说话的全部，无论是说话者或是听话者，信息的准确传播和接收，都得借助双方的表情、姿态、动作等身体语言。

不妨用眼睛倾"听"

事实上，一个人听与讲的过程，也是交替使用眼睛和耳朵的过程。

根据美国的语言专家研究，人的感觉印象中，有 77% 来自眼睛，14% 来自耳朵，9% 来自其他感官。

（眼神乱飘）　你在听吗？

人的第一印象，在人际沟通中，有时会发挥举足轻重的作用，因此当女性与人交往时，必须十分注意自己的举止和表情是否已被对方接受，不要一开口就滔滔不绝，停不下来，却没发现对方可能不爱听、听不懂或是根本不想听。

究其原因，问题可能出在神态举止上，假如神情倨傲，可能会伤害听者的自尊心；态度冷淡，可能会使人失去聆听的兴趣；举止随便，会使听众对你不够重视；表情卑微，会使听者产生怀疑；动作慌乱，会动摇听众对你的信任感；表情过于严肃，会使听者感到压抑和拘谨。

身体会说话

身体语言对人际传播的作用，不仅展现在信息交流的传播过程中，也表现在信息的回馈过程中，善于说话的人，一举手、一投足都将影响信息传播的效果，而且不但能从对方的言谈中获得信息的回馈，更会从对方的身体语言中做出适当的反应。

更何况，有时对方口头上讲的，不一定就是心里想的，这时你就必须观察他的身体语言以做出正确的判断，去猜测他真正的话意，所以会说话的人，同时也必须是善于倾听、善于观察的人。

有时候，倾听不只是利用耳朵，也可以用眼睛观察别人究竟在说什么。

嗯，好有道理。
你也认同吧！后来……

→ 看气氛好，就继续顺着话题聊下去。

嗯。什么事？
对了！你知道另一件事吗？

→ 看对方不耐烦，就立刻转移话题。

魅力小提醒

有时候，我们不知道为什么被人讨厌？其实这不是莫名其妙被讨厌，应该是无意之间的小举动，让对方产生了不好的感觉。

1 听对方说话时，再怎么样都不能分心，要专注聆听。

2 千万不能在对方发表言论的过程中，把眼神从他脸上移开太久。如果要走到别的地方拿东西，要在对方说到一个段落的时候和对方说一声，否则会让对方觉得不受尊重。尤其是当对方在真情告白时更要注意，免得以后被传成不懂礼貌的任性公主！

3 偶尔，当你听对方讲到伤心事时，可以伸手握住他的手，或是轻轻地拍拍他的肩膀，会传递一种"感同身受"的信息给对方，让对方深深地信赖你，感激你！

表情的雷区

说话时，会惹人厌的表情和态度，有以下几种：

2 态度冷淡
➡使人失去聆听的兴趣。

1 神情倨傲
➡伤害听者的自尊心。

4 表情卑微
➡使听者产生怀疑。

3 举止随便
➡让别人不重视你。

6 表情过于严肃
➡使人感到压抑和拘谨。

5 动作慌乱
➡动摇听众对你的信任感。

提升说话魅力两大要点

怎么做，才能让人想听你说话，而你说的话又能让对方了解呢？请掌握以下两个关键点，就能把话说到别人心坎里：

① 诚恳

回想一下，你有没有过这种经验：当某个人说的话很刺耳，你知道他是针对你，但是你并不讨厌他，因为感觉到那个人是为了你好才这么说的。

根据这个经验，你想到了哪些人曾经对你这样做？应该是父母和好友吧！这是因为他们是站在关心你的立场，讲出来的话才能顺利进入你心中。

所以在我们与人交谈之前，先要让对方感受到诚意。

诚恳说话三原则

1 态度要庄重，肢体动作别太放松，更不能随便。

2 眼神要直视着对方，带着温柔更好。

3 说话速度别太快，才能让对方来得及吸收你说话的内容。

热情谈话三原则

1 要有自信，如果连自己都不相信自己所说的内容，别人听起来一定也兴趣索然。

2 没自信时，要先做好充分准备。把想说的重点先在心里练习几遍，说出口时就会变流畅，也会让人想听你说话。

3 用语要通俗，切忌文绉绉！与人交谈最怕别人一直问你刚才那句成语是什么意思。打断原先话题稍作解释后，再回到原来的气氛就要费点工夫了。

② 热情 ，

热情不是指动作夸张或声音很大，而是指在你完全理解想要表达的内容后，用自信的神情，有条有理地讲给对方听！

你的旅游经验真丰富！

如果要去波兰，以我旅行的经验，我建议是八九月去比较好……

真的啊！还好先问过你……对啊！那我先跟对方延期好了！

31

第二课
语气柔婉，
声音动听的女人动人心

最佳女主角要表现喜怒哀乐，
除了脸部表情和肢体动作之外，
还需要"声音表情"来配合。

听听自己的声音

讲话要像优美的曲子，要将乐谱上的符号植入脑中，应快时快、应高时高、应慢时慢，这样才能奏出一首流畅的协奏曲。

当你跟别人说话时，是否曾仔细聆听过自己的声音呢？你的声音在别人耳中听起来如何？当然，这种自省并不是要你一味追求天籁美声，也不是苛求你的声音一定要像主持人一样悦耳动听。毕竟，嗓子的高低、音调的清浊，人人都不同，与我们的身体构造有关，不管是天赋异禀或是先天不良都没有关系，嗓音只是配乐，并不是决定说话清楚与否的关键。

听见自己的方法

想听听别人耳中的自己的声音，借助答录机是一种方式，但那毕竟不是真实的反映，不妨试试另一种方法：用两只手掌掩着两耳，手心轻轻按着耳朵，然后开始说话，这时就能听清楚自己说的每一句话，甚至每一个字。

嗯，哈哈哈！ 噢，真的啊……

利用这个方法，你就可以听见自己的声音是太高还是太低，口齿是否清楚，声调是否柔和、是否美妙动听，为自己的声音做个公正的评判，找出缺点，并且试着找出修正的方式，只要常常练习，就算不是天籁美声，也能让别人听起来感到舒服。

拒当机关枪和高射炮

说话太快的人，就像机关枪猛烈发射，听的人往往会听得不清不楚，不知所云。虽然你有说得快的本领，但是倾听者不一定也有听得快的本事。

说话的目的，在于使人全部都了解，否则就是浪费，所以最好训练自己，说话时快慢合宜，让声音清楚传入他人耳中，说一句，人家就听懂一句，不用再发问，毕竟不是每个人都愿意冒昧请你重说一遍的！

在某些比较嘈杂的公共场所，或是遇到类似放鞭炮或施工等特殊场合，为了让对方能够听得清楚，提高音调说话的确有其必要，但平常可不适合屡发"高射炮"来残害别人的耳膜。人一亢奋，说话声调往往容易提高，要是大家同在室内，过高的声音可能会使别人嫌恶；要是在公共场合，则可能让你的同伴感到不好意思，除非对方真的听不见，不然最好随时提醒自己，你身边的人不是聋子。

奏出人际协奏曲

现在女性朋友们都知道说话不可以太快或太大声，不过，这也不是要你每个句子都平板无波，搞得每个与你谈话的人都昏昏欲睡。

这就像一首歌从头到尾只有一个音调，你一定不会喜欢听，而说话就像唱歌，需要有高低不同的音符，也需要抑扬顿挫的语调来表现说话的灵魂。

抑扬顿挫是调节声音大小、强弱的做法，这就像乐谱上有极快、快、略快、慢、略慢、最慢等快慢符号，有极强、强、渐弱、弱、极弱等强弱符号，若是希望自己讲话如同

一首优美的协奏曲，就要将这些符号植入脑中，切记在应快时要快、应高时要高、应慢时要慢、应低沉时要够低沉，让所有字句搭配得完美无缺，合奏出一首流畅的

协奏曲，表现出喜怒哀乐的情绪。

如此一来，不仅倾听者容易听得入神，你的话语也会不再空洞，充满感情。

建议各位女性，不妨选定一个受欢迎的人气偶像，模仿她们说话的神态，你会发现，下次轮到你陈述一件事情或发表意见时，经过"磨炼"的声音和神态是很有用的。

如何适当地表现语调，抓住听者的注意力和情感共鸣，平时要细心地观察和练习。

练习下面 3 个句子，比较看看情绪有何不同：

1 天啊！真叫人不敢相信，我居然中了乐透大奖！

2 天啊！我为什么这么命苦，先是失去丈夫，接着老天又夺走我的儿子！

3 天啊！你也未免太夸张了吧？竟然穿成这副德行！

训练自己的声音

说话是与生俱来的天赋，女人培养良好的谈吐却有赖后天的练习。训练自己的声音，是踏出沟通的第一步。

　　说话是与生俱来的天赋，培养良好的谈吐却有赖后天的练习。

　　有的人说话悦耳动听，有的人说话却让人觉得好像噪音，叫人难以忍受，这就相当危险了，因为不良的谈吐不但会影响女性的人际关系，甚至还会左右工作和事业的成败！

你也可以拥有美妙声音

　　日常生活中，大部分的摩擦和冲突一般都由于不当的说话方式和让人烦躁的声音。不要光是羡慕别人的天籁美声，其实声音悦耳与否的差异，大部分是因为说话的音量、语调、速度等方面运用不当。

　　想要拥有美妙的声音，就必须在发声上多做一些练习。

　　声音是空气经过共鸣、扩大、音调变化，最后形成所谓的话语。每当我们清晰地发出一个字音时，工程是很浩大的，它需要横膈膜、胸肌、肺、气管、喉头、喉咙、鼻孔、窦管、嘴巴、下颚等主动或被动的连接动作才能完成。

　　一般来说，声带所发出的基音是很微弱的，必须有共鸣腔的辅助才能扩大声音。人体有胸腔、咽腔、口腔、鼻腔、头腔五个共鸣腔，胸腔共鸣会使声音浑厚、饱满；咽腔共鸣则较流畅、柔美；口腔后部的共鸣会让声音听起来暗淡、轻盈；利用鼻腔共鸣的声音端庄、洒脱；头腔共鸣的声音则予人明亮、华丽的感觉。

你知道吗…… 听你说话好舒服～

这五个共鸣腔自下而上地形成一个筒状的管道，使得发自声带的基音变得丰润圆滑；因此，想要拥有优美悦耳的声音，就要常常练习用不同的部位产生共鸣，找出美妙声音的发声方式。

转到最适当的音量

接电话的时候，如果听筒传来的声音过大，我们通常会立刻让听筒远离耳朵；同样，如果说话太大声，也会使别人跟你保持距离！

有如打雷般的说话方式，会造成听者的负担，形成疲劳轰炸，也很容易产生误解。试想，如果听见有人大声嚷嚷，一般人都会觉得"是在吵架吗"，万一发现其实那只是因为某个"大嗓门"在跟人家聊天，一定会觉得哭笑不得，很受不了！

可见说话声音太大，虽然本身没有敌意，别人却很容易误会你在生气或吵架，这不是挺冤枉的吗？所以，女人们说话音量不宜太大，能让别人清楚听见就够了。

相反，如果说话音量太小，声细如蚊，不管说什么都只有自己听得到，别人就算拉长耳朵也听不到，这样也不好。上台说话更是忌讳音量太小，因为台下的人万一听不清楚，很可能索性不听而开始聊起天来了！我们说话的目的就是与人交谈、沟通，如果无法让对方清楚听见，你所说的话等于失去说话的功能，只能算是自言自语而已！

你知道吗？那个……

你小声一点……

选择生动版本来播放

你是否听过广播剧？虽然我们看不见广播剧演员的表情，却能通过声音了解他们的情绪，进而融入剧情；不管是广播剧、舞台剧或是电视、电影，一个好的演员要表现他的喜怒哀乐，除了脸部表情和肢体动作之外，还需要"声音表情"。

假如一个朋友跟你叙述他的一日游，内容是："上个周末我和女友去阿里山看日出，当太阳出云层后慢慢上升，露出第一线曙光时，我们兴奋地大叫起来，日出的美景真令人难忘。"

试着想想，如此美好的景色，如果她用一成不变的语调来形容，一定无法被她的喜悦感染，甚至觉得阿里山的日出"想象"起来一点儿都不美！

说话的语调可以表现感情，让听者更清楚地接受你所传递的信息，假如语调平淡、没有变化，就无法显示内容的生动，使人觉得枯燥无味、不感兴趣，降低沟通的效果。

没事不要玩混音

著名节目主持人罗小云当年以说话速度快而清楚为主持特色，不知风靡多少听众，尤其在播报流行歌曲排行榜时，她的快速度不但没有使听众听不清楚她说的话，反而增加节目的热烈气氛，因为她口齿清晰、咬字清楚，以致速度虽快，听众仍能听清楚她的话。但她是练过的，美女们可不要轻易挑战这门绝技啊！

就像"喝水传话"的游戏，口齿不清的谈话就好比跟旁人在玩这个游戏，咕噜咕噜地让人听不清楚，不但十分难受，一句平常话可能会变成笑话；另外，发音不准也会影响表达的正确性，比如你要求家人去买根"葱"，结果他却抱着"钟"回来给你，造成令人哭笑不得的场面。

戒掉无谓的助词

为了使说话内容生动、活泼，我们通常会使用一些助词来丰富语言的表现，但是如果助词使用过多，反而会让话语显得断断续续，缺乏连贯性。

某个名人受邀到校园演讲，主席介绍之后，他便开始演说："呃，各位同学大家好！今天，敝人我啊，是十分的高兴，能到贵校来演讲啊，真是无上的光荣！首先呢，我想啊……"

听到这里，你是不是就很想晕倒呢？结果一场演讲下来，只听见"啊""嗯""呢"等助词，不但令人不耐烦，演讲内容也被这些助词切割得零零碎碎，感觉不到重点，就算再精彩也不会吸引别人。

助词的不当运用，很可能会使人觉得你无话可说，尤其是上台或开会报告，应该减少无谓的助词，避免让听众或上司觉得你准备不周。

标准的发音与断句

① 标点谱神奇

很久很久以前，有个非常吝啬的富翁。有一天，富翁的远房亲戚张书生到富翁家探亲，富翁特别不情愿招待他，心想明天就要打发他走。

他妈说我妈说不出来他跟他妈说的话所以说我来说比较快……

到底是谁要说啊，我的妈呀……

第二天一早，天空下起大雨，富翁便提笔写了一首打油诗："下雨天留客天，天留我不留！"张书生见了，心知富翁的意思，于是提笔在打油诗上多加了几个标点符号："下雨天，留客天，天留我不？留！"富翁这下颜面无光，只好让张书生继续留宿。

这个故事大家可能都听过，却只是哈哈一笑而过。其实，细想一下其中的深意，你会发现说话和写文章一样，如果断句断得不当，很可能就会变成另外一种意思，而传递出错误的信息。

② 发音爆笑点

一位乡音很重的女老师进入一所小学任教。有一天，女老师走进教室，拿出一张图片对同学们说："各位同学，现在也请你们把小图片儿拿出来！"

椰子酥的苍蝇……

椰子树的长影？

结果小朋友你看我、我看你，纷纷把衣服拉高，露出一个个小肚皮。原来是女老师发音的缘故，把"小图片儿"念得不清不楚，变成了"小肚皮"！

女老师一看大家都露出肚皮，羞得面红耳赤，小朋友则笑成一团，乐得不可开交。

这个故事告诉我们，说话一定要口齿清晰，才能避免无谓的纷争和尴尬。

模糊不清的语音不但会妨碍听众了解你所要表达的意思，同时也可能会给其他人留下笨拙的印象，为了不闹笑话，发音的练习可是很重要的！

发声之前的再确认

虽然是自己觉得很真诚的发声，有时候还是有不习惯的倾听者。

开口之前，最好再次确认自己的声音。

　　语言本身是随着声音传动的，所以不管是多美妙的事，如果语言本身不够明朗，别人无法听到，那就失去说话的意义了；还有，要是本身的声音对方无法适应的话，可能还没有进入主题就让人家觉得不舒服，导致谈话进行不下去，所以开口之前，最好确认自己的发音及发声，最重要的是声音的高低、强弱、变化等，是否与当时的场合、目的符合。

声音要能传到对方耳朵里

　　说话的声音无法传达到对方的耳朵，内容当然也无法传递，这样一来就失去谈话的意义了。

　　比如说演讲的时候，如果演讲者以微弱、犹如自言自语的声音来演讲的话，声音就无法传达给听众，内容再精彩，仍然是一场失败的演讲。平时讲话的时候也是这样，如果声音过小，不但对方听不清楚，也有可能会认为你缺乏自信。

　　因此，讲话时应尽量将嘴巴张开，分贝不必太高，但至少要努力发出能使他人听明白的声音，否则话语都飘失在空中，别人根本听不清楚你在说什么。

说话时不要把话含在嘴里

如果一张口非常清楚，结果话到嘴边还未说完就吞进去，让话尾模糊而笼统，那么说了也等于没说，对方也听得不清不楚，无法明了你真正的话意。

所以，为了避免所谈的内容不清晰，对发音要特别注意，千万不要把话含在嘴里，让对方听不清楚。

因此，说话前一定要先想一想自己的声音可以传到哪里，或是结尾是不是已经消失了，注意避免这种情况。

人际OX题

咬字是可以通过后天练习而进步的，女人们千万别因为懒而影响到人际关系！

不好意思，请问南港展览馆怎么走？

不好一来，请问南赶长廊广怎么左？

魅力小提醒

借助平时的多方阅读，能让你的用字遣词更精准、适合、多样化，展现淑女风范！

1 创造优秀文章的秘诀，据说可以用书写200个字，其中的辞藻绝不重复的方法来训练。虽然说话技巧不可能像写优秀文章那样精湛，但是起码要注意其中的词汇或口头禅不要频频重复出现，多增加一些不同的词汇，力求话语的变化。

2 同样的措辞一而再、再而三地出现，感觉会像复读机，使话语变得索然无味，也让人听得极不顺耳！

3 某些人在说话的时候，会突然才思枯竭，怎么都想不出适合的表达词语，结果只好采取拖延的说话方式，殊不知这种断断续续的说话方式，其实更难引起倾听者的兴趣。

避免歇斯底里的口吻

切记，不要一受到刺激就用近乎歇斯底里的口吻说话，那样可是会变成人人畏惧、厌恶的谈话对象！

有些人话一讲出来就很冲，让人深感敌意，或是用过于强硬或上扬的语气，这些都很容易导致争端或纷争，加上场合的不同、声音的大小都可能会影响说话的效果，所以说话时最好不要使用具有权威感的语气，并且根据场合调整口气和声音大小，用最自然的方式，用自己的声音来说。

忌讳拖拖拉拉、语无伦次

有些人说话总是拖拖拉拉，不但让别人感到不耐烦，也很难听得懂他所要表达的意思；有些人说话的时候会低着头叽叽喳喳地"碎碎念"，像是自言自语一样，其实这都是不好的习惯。说话的时候最好存有一定的气势，采取容易听取的速度，而且绝对不能语无伦次、拖拖拉拉，影响谈话的效果。

单调的危机

说话的声音过于单调，或是发音丝毫没有变化，都会导致听者昏昏欲睡，甚至产生厌倦的感觉，就好像忘了加上调味料的食物，很快就让人觉得腻了。声音的大小、高低，每次开口前都要再三确认，以符合现场的环境和此次谈话的内容，如此才能提升自己说话的技巧。

如果在不适合大声说话的场合中以过度洪亮高亢的声调说话，会让人感到烦闷、嘈杂，根本静不下心来倾听；尤其是在听众较多的场合，声音的高低、强弱、段落等都要加以考虑才行。

适时加点重音

重音就像人的食指，指示着节奏中或句子
中最主要的词。
要小心使用才不会造成误会或冲突！

　　适时在语气中加点重音，也是成功说话术中为了达到准确表达而常用的技巧。所谓重音，是指说话时有意把某些词语讲得响亮一点，主要是通过音调来表现。

① 语法重音

按照句法结构特点说出的重音，一般并没有什么特殊的用意。

嗯。　　重点是……

② 强调重音

为了突出某个语意、强调某种强烈情感，而将句中某种词语音量加大的重音。

哇！真的啊……　　那真不是普通的大啊……

重音的爆点

　　苏联著名戏剧家斯坦尼斯拉夫斯基说过："重音就像人的食指，指示着节奏中或句子中最主要的词。"

　　重音的所在，一般就是说话者所要突出的重点之所在，强调重音的位置不同，表示的语音和感情强度也不同。

例如：

"你听得懂吗？"这个句子，如果"懂"字不重读，那么只是一般的询问；如果重读"懂"字，那就变成了反问，含有轻视的意味。

某家银行的高级主管和主任先后对一位连续两天迟到的女职员说："你呀，怎么又迟到了？"

但是同样的一句话，高级主管把"你呀"说得又长又响，主任则是把"又"这个字说得比较响亮，结果效果也大不相同——听了高级主管这样说，女职员吐吐舌头，低下头感觉有些羞愧；但听了主任这样说，女职员却忍不住叛逆地反唇相讥："不然是要怎样？迟到就迟到了，大不了扣工资嘛！"

就因为重音的位置不一样，两个人强调的意义、表达的情感也出现了差异，而产生截然不同的反应。高级主管的话意虽然有点责怪，但也带有一种亲切感，减低女职员的反抗心态；而主任的话听起来指责味道浓厚，会使人心中油然而生一股无法接受的心态，忍不住爆发反抗的情绪，反应当然也就很不一样了。

响亮的放大点

以上的例子告诉女性，重音放的位置不同，所引发的情绪爆点也大不相同！我们所说的每一句话，绝不可能平静无波，不妨适时选择所要加强的词语，在上面加重音调，让声音响亮地进入对方耳中，以达成你所预期的效果。

人际OX题

帮别人加油打气时，你该怎么说？

智铃姐姐帮你加油！加油加油！

○

声音响亮，元气满满，对方深受鼓舞！

那你加油吧！

✕

声音无力，不像打气，反而像漏气。

向别人表达歉意时，你该怎么说？

噢，对不起！我真的感到很抱歉！

○

声音真诚，强调重点，对方欣然接受。

哎哟，对不起嘛~~

✕

声音轻浮，假装可爱，感觉虚情假意。

魅力小提醒

- -

　　说话是一门艺术，不是把想说的话全说出来就好了，还要加上音调的抑扬顿挫，才能使说出来的话成为完整的艺术品！

　　有的女孩子长得很可爱，但却一开口就经常得罪人，连她自己都不知道为什么人缘那么差！

　　不是因为她说错了什么话，而是因为她说话时语气不对，因此想传达的心意无法正确让对方体会，甚至造成对方的误解。记住，长得可爱，并不表示说话时就要装可爱。你看名模林志玲长得如此甜美，声音也如此甜美，但她的说话语气还是经过一番练习调整，才终于被大众所接受！

恰当的语速

适当的说话速度，会像小溪一样潺潺轻唱，给人舒服的感觉。

说话的时候，速度掌握得是否恰当，也会对语言的效果产生影响。而速度的快慢，常受到说话者的心情、谈论的主题和情境、不同民族的习性等多种因素影响。

快人"快语"的情境

一般来说，以下这些情况，常会导致语速变得稍快：

1 动作急速或心情急迫，需要使说话与动作相协调。

那个人撞了我一下，害我腿都流血了，皮包还不见了，表也摔坏……

你先别急，慢慢说……

2 加强语势，使话语如江河之水奔流而下。

3 语气中含有命令式或话语坚决果断。（这只是指一般情况而言，有时候，有意拉长语音、减慢语速同样也可以显示出坚决果断。）

而在通常情况之下，最好以平均适中的语速代替快慢有别的语速，使表达从容不迫，口齿清晰，让听者听清楚话语中的意思，并来得及理解、消化。

嗯，好。

你现在先听我说吗？

OK！知道了！

你先到……再去……知道吗？

快而不乱、慢而不拖

说话的时候运用不同的速度，变化话语的节奏和韵律，可以避免谈话时平铺直叙的枯燥无味与沉闷。

一般人说话的速度平均是 1 分钟 180 ~ 200 个字，会随着谈话的内容和情绪而有所增减。通常人们在兴奋、急切、愤怒、危险的情绪之中，说话速度会较快；沮丧、悲哀、犹豫、思考时，说话的速度就会变慢。

说话速度的快慢缓急是相对的，应该要"快而不乱"，不能因为速度太快而含混不清；也要做到"慢而不拖"，不能因为速度慢而让别人觉得说话结构松松垮垮，不够精彩。

魅力小提醒

说话速度的快慢，有很大的决定因素在于遗传。但还是可以通过后天练习，让我们在表达时速度适中，展现淑女风范！

1　当你问别人问题时：

请先在说出口之前，对着镜子练习几次，把语句说得流畅，再正式向他人提问；速度宁可有些慢，也不宜太快。马丁•路德•金每次演讲总能吸引人潮，挤爆广场，他的超高人气就是这样练出来的！

2　当你回答别人问题时：

一样要在心里先思考一遍再开口，一旦说出口就是明确的答案，不要改来改去；不要思考太久，也不要问太多问题，速度不能太慢！

3　当你在陈述一件事情时：

这就要看对方的个性了，如果对方平常就没什么耐性，你就要把说话速度调快一点；如果对方是个很温柔的人，你就可以缓缓地诉说，他一定会不断点头给你回应的！

机关枪与催眠曲

说话的速度如果太快，就像冰雹打在屋顶上，或是机关枪嗒嗒，会让听者备感压力、感到疲倦，因为他必须追着你的话，还来不及反应前一句的意思，你已经把下一句说完了，会导致他一路追得很累。

说话速度太慢，则像催眠曲，让人昏昏欲睡，感觉生命被一点一滴地剥削；只有适当的说话速度，会像小溪一样潺潺轻唱，给人舒服的感觉。

现代社会讲究效率，只要语速不是特别快，表达最好还是迅速有力一点比较好，避免拖拖拉拉使人失去耐性，而拒绝聆听你的谈话。

假如你属于机关枪型，说话前不妨先深呼吸，缓和一下紧张的情绪再开始说话；如果你是属于心急派，则要常常以「欲速则不达」来告诫自己，因为如果听者无法消化，急于表达反而让人更无法明白你的意思。

请问你要柠檬冰鱼特制牛排小羊排还是明虾？

在讲什么？

人际OX题

回应别人邀约，应该用什么速度呢？

好啊好啊，那天我OK!

语气明快，让人心情很愉悦。

要约我做什么？什么地点？有谁会去？……

机关枪连珠炮，感觉像审犯人一般。

嗯……我觉得……嗯……可以让我想一下吗？

支支吾吾慢吞吞，让人等得不耐烦。

加强声音表情的技巧

谈话之前，如果能先掌握一些声音表情的技巧运用原则，会让彼此的谈话更愉快，为你博得好人缘！

① 以易懂的表达方式交谈

若我们把本来就很难懂的一串话语，一字不改地背诵给对方听，对方应该也很难懂吧！

如果我们能体贴地先消化这些内容，再用简单的方式说给对方听，不但能提高对方热烈响应的概率，也能确保谈话气氛愉快！

简单易懂说话三原则

1 思考并在心里彻底理解要表达的所有内容。

2 将这些内容去芜存菁，用自己的风格说出来。

3 想想有没有哪句话是可以不用讲也没影响的？哪句话又是能引起听者极大共鸣的？

试着用最精简的语句，把话说得最精彩！

难懂的语句＋艰涩的发音＋专业用语＋外语单字
→令人听得很吃力

② 以易懂的声音、语气交谈

有没有想过，有些笑话为什么当你听到别人讲时觉得很好笑，可是换成自己讲给别人听时，别人却没什么反应？其实不是对方没有幽默感，可能是你的声音、语气及表情需要加强！

给人好感的谈话三原则

1 嘴形要配合发音作调整。例如：发O的音时，嘴唇就要先张开再嘟起来，这样才不会造成听者的理解困难。

2 尽量使用浅显易懂的词语。如果有些字词，连你说起来都觉得拗口，就用别的字词替换掉，让你的表达能够更顺畅。

3 讲话时的表情和思考模式，也要很正面。没有人会想跟一个思想灰暗的人交谈，那样心情怎么可能愉快？对吧！

如果你能先让对方觉得和你说话心情很愉快，那么无论后续你们还要聊什么话题，想不顺畅都很难了！

事情是这样的……

好有趣的故事！

原先难懂的语句＋艰涩的发音＋专业用语＋外语单字
→经过一个女孩子的消化后，传达给另一个人
→另一个人轻松地聆听

第三课

眉目传情，
女人举手投足都是诗

表情、姿势、手势总动员
把话说得生动
让人听得津津有味

身体语言的辅助

一个懂得说话技巧的人，必定懂得善于运用肢体语言，使得信息表达更加生动，引起听者的兴趣。

与人说话时，语言虽然可以有条理地表现出想要表达的思想或信息，但是说话的声音、表情和呈现的肢体语言如果配合不当，有的时候可能会不小心扯你的后腿！

让信息更加立体生动

比如说，一位许久未见的朋友在周日早上来访，虽然你心里很高兴，但因为前一天晚上熬夜看电影，几乎一夜没睡，你渐渐觉得有点想睡觉，一边开心地聊天，一边忍不住打哈欠，甚至无法专心聆听对方说话。

嗨，你来啦！（哈欠状）见到我不高兴吗？

虽然你表现出很欢迎朋友的样子，也很热情地招待他，但你的肢体语言却没有适当辅助你，反而让对方认为你言不由衷，进而对你的热情感到怀疑。

人类的五种感觉：听觉、视觉、嗅觉、触觉、味觉之中，视觉所传达的信息最为鲜明和直接。根据心理学家的统计，我们所获得的信息，有85%是借助视觉印象所得到的，因为说话者的态度、表情、手势、仪态等肢体语言都会影响你带给听者的感觉。

以电视为例，电视不仅能发挥娱乐功能，而且能达到高效率的宣传效果，如广为人知的默剧式广告，当年就利用视觉效果抓住了观众的心。如果打开电视机收看连续剧或影碟时，把音量调到静音，虽然听不见剧中演员的对话，但仔细观察他们的表情和肢体动作，大多数人还是能看得懂他们在演些什么。

前面已经说过，人们的表情和动作其实"会说话"，因此我们与人交谈，不仅要运用听觉，也要善加利用视觉的效果，借助非语言的肢体表现，看出说话者的情绪，也可以借此表现说话的真实感。

比方要向人描述彩带舞的跳法，如果仅以口头叙述，讲得再多，听者一定还是如坠雾中，甚至会觉得厌烦；但如果能放一段音乐，现场试跳一下或比划一下动作，听者自然会把注意力集中在你身上，借助你的动作了解你在说些什么。

一个懂得说话技巧的人，必定懂得善于运用肢体语言，使得信息表达更加生动，引起听者的兴趣。

脸部有表情

由一张没有表情的脸孔所传达出的信息，就像告诉别人你的生活有多无趣、言谈有多索然无味。假如你自己对所要表达的言语没有任何感觉，如何要求别人对你所讲的事情感兴趣呢？

有些人与别人交谈时会摆出一副冷淡的样子，以借此掩饰内心的紧张和慌张，结果却造成别人的误会，认为他骄傲、有莫名其妙的优越感，而有所反弹。切记，开朗的笑脸比较能给人良好的印象，谈话内容也较能引人注意。

其实，面部表情只要保持平常生活

中的自然反应就好，不需要像演舞台剧那样夸张，借着自然、真实的亲切表现赢得听者的信任。

仪表要配合

与人谈话，除了可以用表情、手势以及声调来辅助词语，仪表更是相当重要的一环。不管出现在什么场合，穿着适当的服装、维持整齐的仪表，是让他人接受你的第一道关卡，因为人们通常是以第一眼的印象来决定喜恶。

尤其身为女性，虽然不需要打扮得如花蝴蝶般，但是得体又有品位、能够突显你婀娜多姿的服饰，毫无疑问地会为你的人气指数大大加分！

假如服饰过度夸张，或是品位令人质疑，别人看见你"闪"都来不及了，更遑论和你交谈了。

镜子多使用

在镜子前坐下，想象什么情况下该有什么表情，试试看你是否能够表达出来。

人的表情富于变化，就算是一点微妙的改变，也会呈现出不同的效果，例如笑的表情就有很多种，有微笑、哈哈大笑、冷笑、嘲笑、苦笑等；而微笑又分含蓄的微笑、礼貌的微笑、尴尬的微笑等，不妨试着用镜子练习，看看你是否能表现出其中的差异。

除了表情，手势和其他的肢体语言一样

可以利用镜子来练习——选择对的工具，将有助于你的练习。

声音的变化和肢体的语言，都是表达的一部分，也都有助于你的人际拓展，尤其是脸部的表情和手势的动作，在清楚表达你的思想和观点时特别关键，以下各篇章将为各位女性介绍更多表情和手势的运用，让你能妥善运用这些技巧，拥有100%人气指数！

一 个冒失鬼撞了你后匆匆跑走，你很生气，但是该怎么反应？

参 加公司在饭店举办的正式晚宴时，要如何打扮？

有什么事情急成这样啊？ 是啊，你没事吧？

态度优雅，身旁的人忍不住为你叫屈

特地跟朋友借的！ 香奈儿当季新款，不便宜！

上流社会的规格，名媛淑女的仪态

（二话不说，比出手势） 呃……会不会太夸张了？

过度反应，把身旁的人吓得花容失色

我就只有这些衣服啊！ 你怎么穿比基尼和迷你裙啊？

是要参加宴会，还是要去夜店呢？

适时伸出援"手"

手势只是"辅助"，就像女配角不能抢
女主角的戏份一样，
不能让手势抢了言语的风采！

　　为了加重语气，引起别人的注意，或为了表达特别的意境，我们说话的时候有必要加入一些手势。

　　手势的运用是借着手指、手掌和手臂动作的变化来辅助说话者表达思想和情感，因为手势的活动幅度较大，可以表现鲜明的视觉印象，所以可以增加吸引力和说服力，并使说话内容更加丰富。

手势好好用

① 增强情绪的表现

　　当别人提及一件令他悲痛万分的事，虽然可以从他的脸部表情来感受他的痛苦，但如果他此时紧握拳头，可能更能加强效果，立刻让你明白他正在强忍悲痛。

　　另外，如果说到慷慨激昂的内容时，双手适当地有力挥动，也会加强情感的信息传递。

你知道当时我有多气吗？

嗯，完全能理解……

② 帮助你更具体地形容事物

在语言传递中，有很多形容词是无法具体表现的，但可以借助手势来加强它的表现，比如，如果要形容女性的纤细柳腰，可以用两只手比画出腰围大概多大；或是形容小朋友的高度、形容物品的大小，利用手势配合都可以使语言更具立体感。

该闲则闲

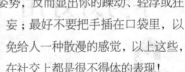

那盏立灯有多高呢？

差不多这么高吧！

手势虽然能辅助说话者的表现，但不适当或是过多的手势，也很有可能会得到相反的效果！毕竟手势只是"辅助"的作用而已，用得过多，反而会让人觉得有一种在看小丑表演或是独角戏的感觉！

一般情况的交谈，70% 是不需要使用手势的，因为除了手势之外，也可以用声音、表情、眼睛、脸部的肌肉表情来辅助。与他人交谈时，有些人的双手会不自觉地晃晃去去，或是不断用手摸自己的头，这些不雅观的姿势，反而显出你的躁动、轻浮或狂妄；最好不要把手插在口袋里，以免给人一种散漫的感觉，以上这些，在社交上都是很不得体的表现！

所以，手该闲着的时候就让它闲着，只有真正需要的时候，再派它出马吧！

（挑眉，不用手去指）你看那边，那个帅哥很像布拉德·皮特吧！

（用眼神余光扫瞄）嗯，真的耶！呵呵呵……

请记住，说话时身体最好自然地坐着或站着，手也自然地垂放，用你的声音来说话即可；必要的时候，可以用脸部表情来配合语调，只有在真正需要加强语气和引人注意时，才让手来帮你一下。千万不要以为手静静放着不动是笨拙的表现，真正的笨拙，是说话时毫无节制地挥手摆头。

1 坐姿
双手自然垂放在膝上

2 用手势辅助的站姿
左手支撑右手肘，右手背托住下巴

3 任何时候
面带微笑，凝视对方，偶尔点头表示赞同

向人描述一件事情很生动，肢体语言该怎么配合？

○ 偶尔加上手势，制造临场感就行了。

× 两手挥来挥去，看得人眼花缭乱。

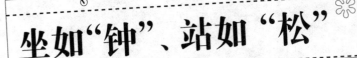

坐如"钟"、站如"松"

得体的衣着给人留下美好的第一印象，
良好的坐相和站姿更是为你的人气加分！

俗话说："坐有坐相，站有站相。"得体的衣着能给人留下美好的第一印象，而良好的坐相和站姿，更能为你的人气加分！

别让不雅上身

在电视上，我们常常看见一些受访者被采访时，一边谈话眼睛一边乱转，或是出现一些无意识的不雅小动作；殊不知，这些姿态已在观众眼中暴露无遗，影响了自身的形象。

某个运动选手有一次在演讲时，说着说着就无意识地把手伸进口袋里，恰巧那天他穿着制服，手插进口袋后，口袋盖翘起了一半，形象十分难看，本来演讲的内容应该受到好评，结果却因为这个不经意的举动，令在场的观众摇头叹息。

（他是尿急吗？）

（腿一直抖）

新闻主播出现在屏幕上之前，得先整理新闻稿，再细心检查自己的服装、仪容是否妥当；一旦开始播报，不管发生什么事，都必须坐得端正，泰然自若，丝毫不受影响地把新闻播完。

主播尚且如此，我们在众人面前说话时，更要注重自己的仪态，从容地保持良好的坐相和站姿。

美女的第一要素

当我们看到一个屈膝、垂头、弯腰、驼背的姿势，很容易就直觉地认为这个人大概非常沮丧；当我们看到一个人身体不断动来动去，双手不知道要放在哪里才好，可能会认为他正处于紧张状态。由此可知，不管是站姿或是坐姿都很容易暴露出内心情绪，而让别人借机看穿你。

特别是身为一个女人，良好的仪态更是胜出的关键；否则，光有绝色的美貌、时尚的衣着，却坐没坐相、站没站相，这……能看吗？

如果想要维持自己良好的形象，就得随时保持良好的坐姿和站姿，而且还要有耐力，不要一站久或一坐久，就现出原形，像只毛毛虫一样扭来扭去，这样可是会让人笑话的！

人际OX题

会议进行了3个小时，这时你的姿势应该是?

以手托着下巴，弯腰驼背地打不起精神。

一边正襟危坐，一边偷偷调整身体重心。

正确的着"眼"点

直视对方的眼睛，等于向对方表示——
"我很注意地在听你说话。"
"我很在意你。"

与人谈话时，最值得留意的就是眼光该望向何处，才能顾及每一个人；尤其是和在座的特定某人谈话时，很容易造成只注意一个人，而忽略其他人的情形，严重的话可能导致其他人感觉受到轻视，进而引发不快或产生敌意。

眼之魅力

眼睛是内心情感直接流露的视窗，所谓"盈盈一水间，脉脉不得语"，有些人只靠眼神就能交流，可见眼睛在人际交流中具有多大的魅力。

在舞台上表演的歌星或演员们，就更要重视她们视线的落点，最好能让视线由观众席的这个角落扫向另一个角落，让观众有强烈的参与意识。像梅兰芳演《贵妃醉酒》时，

（眼神乱瞟）　（她是对我有意思吗？）

为了表现以"卧鱼"姿势闻花香的微妙细节，可是用眼睛很用力在"闻"，让观众从他富有情感、表现力、凝聚力的眼神里，看到杨贵妃不仅醉酒了，而且也为那抹袭人的花香所陶醉，深深地融入其中。

（直视对方）

（好会说话的眼睛……）

与人交谈时，有些人眼睛不习惯注视着对方，其实这是很不礼貌的。如果对方在讲话时，你的眼神游离不定，左顾右盼，对方可能会以为他的谈话很无聊，或是你有心事，而草草结束谈话。

其实，直视对方的眼睛是一种很重要的说话技巧，等于向对方表示"我很注意地在听你说话"或"我很在意你"。

和每个人都"看对眼"

有些小朋友在上课时，会计算老师一堂课看自己几次，因此如果你身为老师，最好让视线轮流停驻在每个小朋友身上，平均分配给全教室的人，以免学生觉得你偏心。

在人际交往中，目光善意地与人对视，常常能给予对方亲切的感觉。

假如你在众人面前侃侃而谈、发表自己独到的见解时，一双熟悉的眼睛注视你非常久，你一定会觉得自己赢得了他人的尊重，因而感到十分高兴。

人的眼睛能够表达思想、感情，甚至是连言语无法表达的微妙情感，都能借助眼神传达。说话者透过眼神把他的情感、信息呈现给听者，而听者也通过说话者的眼神变化窥见其思想情感。

说话的时候，不要不停地左顾右盼，或是固定只看某处，目光最好锁定所有的听者，不要使他们有被忽略的感觉。有些人习惯把眼光放在某人身上来掩饰自己的紧张，这会使被你注视的人觉得不安，认为自己是否有不妥之处，其实你只是无意识地把他当作一个方便的焦点而已。如果真的不习惯直视对方的眼睛，不妨对着对方眼睛周围的区域，不但会让对方认为你直视着他的眼睛，也可避免自己的尴尬和眼神的呆滞。

你说对吗？　　那你觉得呢？

总之，说话时目光应该诚挚地表达思想情感，配合声音、脸部表情、手势动作，

嗯，有道理。

目光直视对方的眼睛

让内容更加吸引人。眼光要环视听众，使每个人都觉得"她是在对我说话"，以引起他们的注意力，更可借此观察他们的反应。

人际OX题

身为小学老师的你，平时在课堂上，你的目光应该落在哪里？

几个特别调皮捣蛋的小朋友身上

轮流看着每一个小朋友，把注目平均分给每一个人

演讲的时候，你的目光应该看向哪里？

以前排座位的左、中、右三人为中心遍及全场，让每个人都有受到重视的感觉

演讲稿，以免错过任何一个字

人际练习题

不管日常说话或是演讲，可以谨记这个在众人面前说话的要诀：

不管听的人有多少，先找到前排座位的左、中、右三人，再以这三人为中心，遍及全场，让每个人都有受到重视的感觉。

倾身以听

人们初次见面的印象，
90% 来自对方的外在魅力，
所以，说话时的姿态相当重要！

倾听，也是说话艺术中颇为重要的一环。倾听对方谈话时，除了眼神能直接让人感觉你有在注意听，倾身相向也是一种礼貌的交谈方式。

热烈的倾听之姿

有调查指出，我们留给别人初次见面的印象，90% 来自外在展现的魅力；亦即不是我们的谈话内容让人印象深刻，而是言谈举止。

一开始交谈时就倾身向前，容易予人一种热切的感觉，表示自己十分关注对方的话题，并且准备恭敬地倾听对方的意见，不但给人温文尔雅的良好印象，也能使对方兴致盎然地和你继续谈话。

她的姿态真优美……

在电视新闻中，我们常可以看到国家元首接见外宾时，如果聆听对方讲话，总是将身体微微前倾，以表示自己的礼貌。

反之，听人谈话时，出现双手抱胸或是跷脚的举动，都是很不礼貌的。抱胸在身体语言中含有拒绝的意味，如果与人交谈时出现这个动作，对方会以为你不愿和他深谈下去；而跷脚或抖腿则有不耐烦的意味，容易给人轻浮、不踏实的感觉，一个优雅的女人可是不该有这样的行为！

尤其是初次与人交谈，一定要避免这些不良的倾听姿势，防止不雅之举，让人觉得你是一个举止得体的女人。

小心，倾身的角度要拿捏得刚刚好，适度即可，不要太过前倾，让对方产生压力，反而会形成谈话的障碍！

以神态取胜

除了利用说话内容，还可以以生动的神态营造气氛，进而抓住对方的心。

很多人都有过这样的经验，当你听别人讲话或是听现场演说时，不见得留意他说话的内容，却对当时的情景留下深刻的印象——这是因为说话者并不以内容取胜，而是以说话的神态和制造的气氛来吸引听众。

气氛营造师

这种高明的说话方式，正是我们所要学习的，因为这样不但能够令人印象深刻，同时也不会让人对他的说话内容太过苛求，给出的评价却不低。

因此，如果深谙这种说话的技巧，不管任何场合，都可以不限内容而巧妙地创造当时的气氛，博得大家的好感或好印象。

一对年轻男女对坐，虽然男方滔滔不绝地说些理论性的言词，但不管他说的内容关乎音乐、艺术、历史、文学都无所谓，甚至内容是否充实也不重要，重要的是他说话要会制造气氛，让女方听得津津有味，深深陶醉其中，而对他心仪不已，这样才能达到约会的目的！

所以，懂得利用生动的神态并伴随气氛的制造来说话，才能抓住对方的心。

增强互动的技巧

有的时候，我们会觉得跟这个人讲话怎么讲都怪怪的，勉强挤个三两句就聊不下去了，这种"话不投机半句多"的尴尬状况如果很多，可是会重挫人际关系的！

每个人因为出身、背景和学历都不尽相同，所以兴趣、喜好和说话用语也会有所差异；而这两个差异会导致你们找不到共同话题，或是即使找到了共同话题也会觉得聊起天来很不投机！

比方说，如果一个学生在跟一个教授聊美国的嘻哈风，学生兴致高昂地说着"那个垮裤穿起来很时髦，还有饶舌歌曲超有感觉的～"之类的内容；而教授虽然面带微笑专注地聆听，可是回应的话语却是"的确，这个是源自于美国黑人文化的一种现象，渐渐地成为一种主流文化的代表，深受世界各国

气氛顿时凝结

年轻人的欢迎……"这个对话内容听起来是没错，但是怎么聊就是不投机！这种状况，显然是两人对话时的互动出了问题。

女人们，你们可以保持优雅的形象，与绅士合宜的交谈，这样很好；但是，如果你更懂得配合说话者的口气，适时让对方觉得"我们是一国的"，那你的人际关系一定满分！

下次对方跟你聊电视连续剧《娘家》，你可千万忍住，暂时别谈"百老汇"！

气氛非常融洽

微笑的魅力

要让别人更喜欢你，
不妨以微笑为第一步吧！

"笑"是说话者或聆听者都十分关心的事，跟一个满面笑容的人说话，特别容易打开心扉，也乐于接受对方的主张。而在一般谈话或是演讲中，为了制造效果，有时也可以说些笑话，只要无伤大雅，又能让人会心一笑，绝对可以让气氛变得很好！

用笑容开启关系

当我们购物时，大多会选择常去的商店，就算远一点，也不会轻易尝试另一家店；这个习惯表示，人们对于自己所熟悉的事物比较容易有所行动，对于未知的事物，多少总有点不安。

而与人交谈也是如此，如果对方无法了解你的意思，或者搞不清楚你的态度，就会避免和你接触。

欢迎光临！

想要让别人乐于亲近你，最好最直接的方法就是借助你的表情来传达友善，建议你不妨每次见到熟识的人就展开灿烂的微笑，亲切地问候对方，这样不但会让他人觉得十分愉快，也会让你人气升高！

因此，要让别人更喜欢你，不妨以微笑为第一步吧！

保持人气满点的弧度

为了让对方留下好印象，明朗的笑脸是很重要的，当你的嘴角弯起上扬的弧度，说它是最佳的沟通方式也不为过，别忘了，笑容是全世界通用的语言，就用它来维持你的人气指数吧！

当然，微笑虽然是发自内心，但还是需要经过练习和琢磨的，这样才不会明明你笑得很开心，却给人一种好像"很假"的感觉，那误会可就大了。

如果一个朋友讲笑话给你听，无论好不好笑你都要笑给她看，这样才是淑女的风度，而且也是对朋友的基本尊重，这样才不会让朋友觉得尴尬和冷场！但是，要笑到什么程度，你要视情况而定，别太捧场！

如果她自己也觉得没有太好笑，你千万别笑得太大声，免得给人一种故意讽刺她的感觉，这样会让朋友心里觉得不舒服；如果她自己笑得很大声，一直忍不住笑意，那么你就配合一下她的心情，尽情地放声大笑出来吧！

微笑艺术

某位中国驻法记者在一次宴会上与巴黎小姐共舞，跳着跳着，巴黎小姐忽然问他："法国小姐和中国小姐，你喜欢哪一个？"

真是尴尬啊！如果面对一位法国女子却回答中国小姐，不但会引起她的不快，更是有伤外交礼貌；但若回答法国小姐，则摆明伤害自己的民族自尊心，于是，他急中生智地说："凡喜欢我的小姐，我都喜欢她！"如此一句简单的回答，轻松地就把问题给解决了，不但保持了外交的面子，又使对方心中愉悦，公私兼顾地完美展现说话的艺术。

不过，如此急中生智并非人人都能做到，即使偶尔凑巧应付过去，下一次不见得有同样的能力，因为机灵毕竟是偶遇的智慧，可遇而不可求。假如有人突然问你一个问题，你无法直接回答，而灵感又一时来不了，这时，不妨以微微一笑来解救自己。

在人际交流之中，微笑是最万无一失的保护色。微微一笑，用无言的作答表示欣赏对方的盛情、表示礼遇、表示欢迎，在必要的时候，还可以表示未听懂对方的话，好像对方不曾问过这个问题似的，是个绝妙的挡箭牌！

人际练习题

你知道吗？不管中外名人，要是不想回答记者的一些问题，往往会采取"笑而不答"的方法。微笑，有时充满一种神秘的色彩，可以抵御一些无聊的、不近人情的、难以回答的问题，为一时的哑口无言找到出口。

如何表现笑脸，以下教你几个窍门

① 笑意要发自内心

世事当然不可能尽如人意，人们也都各有烦恼，工作压力更是一大负担，因此很多人都会不知不觉表现出严肃的表情而不自知，记得随时检查自己的表情，不要让笑容跟你捉迷藏。想要永远维持「笑眯眯」，就要让自己凡事尽可能都以微笑去面对，发自内心深处地开心起来。

呵呵呵……

跟你聊天好开心。

② 照镜子研究笑脸

想知道自己此刻的脸部表情到底如何？可以照照镜子做自我检视，因为脸部的长相虽然是天生的，但表情却可以经

哈哈哈……

由后天来练习，尤其是可人的笑容，特别要练习长驻脸上。

③ 不要经常和别人比较

常和别人比较，会因为嫉妒、不满或丧失自信而失去笑容。衡量自己的能力，保持自信心，尽力去做，这就够了！保持乐观的心境，就能经常带着笑脸。

法国南部小镇有位叫贞德·卡卢曼的女性，年龄和日本以120岁又237天获得世界长寿纪录的泉重千代女士年龄差不多，她就在接受采访时表示：「长寿的秘诀就是经常保持微笑。」

看来，笑口常开的好处还真是不少，不但可以让人保持超高的人气，还可延年益寿！

慢速的胜利

当对方情绪激动时，不妨以从容不迫的
态度，设下成功的圈套。

当我们打 119 或 110 时，电话另一端的消防人员或警务人员通常都会以从容不迫的口气来回应，这是由于他们受过专业训练，然而通报者因为要通报紧急情况，通常会因情绪激动而词不达意。

幸好负责接听的人以从容不迫的语气应对，让通报者渐渐冷静下来。就算其中有些通报者会因为情况已如此紧急，对方竟还如此悠哉而感到生气，但在一来一往的通话过程中，通报者往往会被对方的口气引导，渐渐冷静下来，意识也变得逐渐清晰，而做出清楚的通报。

试着想象一下，如果情况相反会有什么结果呢？

"什么？！失火了？在哪里？糟了！糟了！好的，我们马上派人去！电话号码……啊，不不不！地址呢？快把地址告诉我……"

如果接电话的人也这么慌张的话，两边慌成一团，会让通报者更慌，可能连事件发生的位置都说不清楚。

慢速的"圈套"

通常演说家和相声演员要上台表演时都是从容不迫的，先以慢条斯理的动作上台，然后环顾听众一圈，最后才从容开口。

由于上台到开口这段时间拉得相当长，这时听众早就已经迫不及待地想听演说了！利用这一点紧紧抓住听众的心理，从容不迫地开口；这样一来，听众对他所说的每一句话都不会轻易放过。

有些租车公司设有处理车祸的部门，而且多由老手负责，当有人向他们抗议时，他们通常会以慢吞吞的动作回应，甚至连答话也慢条斯理，以慢制快，把激动的抗议者完全掌握于手掌心。

从容不迫的胜利

在日常生活中也是一样，如果对方处于激动状态，首先要赶紧安抚他们。因为对方很激动，即使你说的是正确的话，他们也听不进去，这时就要想办法将对方引入自己的"圈套"。

首先，先听取对方的意见或说法，接着为他们倒杯水，记得，所有的动作都要以

慢半拍来进行，这样一来，即使对方来势汹汹，但是因为你的步调无法和他配合，使他有了泄气的感觉，他就会渐渐冷静下来。

如果现场气氛到了这种地步，表示你已经成功了一半，可以准备导入正题了。

有时候，要想掌握对方的心，并不一定要以巧妙的口才来说服他，倒不如使用从容不迫的态度让对方就范。

愉快问候声的魔力

一句普通的问候，一种愉快的语调，就会给人留下良好的印象。

与人打招呼有很多方式，点个头、招招手或是开口示意都是常见的方法。然而，人气的秘诀没有其他，重点就在于你和别人有所不同，连打招呼的方式都让他人印象深刻而且深深受用。

热情地打个招呼吧！

就读大学的时候，班上有个台东来的大个儿同学，每次与他碰见，他都以十分愉快的声音与人打招呼，久而久之，大家一见他就心情愉快，常常抢先跟他打招呼。于是学期末推选学生会主席候选人的时候，大家不约而同都想到他，一致认为有这么愉快招呼声的，一定是个热情上进、精力充沛的人，由这样的人来带领学生会，那是再适合不过了。

普通的问候、愉快的语调，会给人留下良好印象；下次与人打招呼的时候，不妨扬高你的语调，不要害羞，用最热情的语气、最亲切的笑容问候别人，保证你不管走到哪里都大受欢迎！

让人温暖的问候语

日常交往中，有许多问候看似啰唆无用，背后却潜藏着一份温暖的友爱之情。

与邻居相见，顺口问一句："上哪儿去呀？"其实并不是真的要过问人家去哪里，而是很自然的招呼；所以如果顺口回答，也不是无聊地浪费口舌，而是邻里相互关心之情的反应。

以前的传统见面，邻居们相见往往会互问一句："吃饱没？"其实也并不是真的想问对方

吃饭了没有，主要是传递温馨与互相关怀的一种招呼语；然而这种温暖浓厚的人情味，在现代社会中已经越来越少见了！其实，只要简单的一句话就可以搭起你和对方之间的友好桥梁。重要的不在于"说什么"，而在于"愿不愿意说"——就像钓鱼的乐趣不在"鱼"，而是在"钓"；成功给人的最大满足不在最后的结果，而是获得成功的过程。

人际OX题

在路上碰到曾有一面之缘的朋友，虽然不确定对方还记不记得你，你会……

快速转过头，假装什么都没看见。　　主动大方地叫住对方，热情地跟对方打招呼。

以动带静，以声传情

往前踏一步，
等于将听众纳入自己的区域，
让对方不自觉地被你吸引。

　　演讲大师孙中山曾经说过："身登演说台，其所具风度姿态，即须使全场有肃穆起敬之心；开口演讲，言行举动又须使听者有安静祥和之气，处处出于自然。"演讲时，如果台上的演讲者移动步伐或是变动形体，即可缩短与听众之间的距离，收到先发制人的效果；与人说话也是这样的道理，不妨靠近对方一步，让对方感受到你的存在。

将听众纳入自己的区域

　　有一位众所公认的成功演说家，坦承成功的秘诀在于他能够带动听众；他最大的绝招就是在演讲时探身而出或往前走两三步，把听众的情绪带到最高潮。据说他有次演讲非常热烈激昂，说着说着不禁向前走了几步，结果太过忘我，连人带麦克风摔到地上，令观众大笑不已。

　　当我们面对大众演说或是与人谈话时，虽然不能像专业演说家一样影响听众的情绪，但还是可以往前踏一、两步，更接近听者，缩短与他们之间的距离。

往前踏一步，就等于将听众纳入自己的区域一步，让对方不自觉地被你吸引，也让双方的情绪更接近，产生共鸣，让话语更容易进入对方心中。

感情是无声的语言

根据医学研究报告指出，人的右脑比左脑发达，而右脑控制情感，左脑控制理性，因此人的情感往往胜于理性，所以对正在生气的人说道理，根本说不通；而劝失恋的人"天涯何处无芳草"，同样于事无补。

当我们和人谈话时，如果只凭对方所说的话来判断真假，往往会产生误会，因此才需要善用你的观察力，注意对方的脸部表情、肢体动作，才能领悟话中的真正情感。

感情有时候可以借助小动作来窥视，因为人是感情的动物，女性尤其如此，而男性虽然从小被教导压抑自己的情感，然而还是能借助一些小动作看出对方心底的想法。因此，当对方一脸木讷，你就该考虑闭嘴或换个话题；相反，如果对方睁大眼睛，频频点头，有所回应时，代表他对于交谈的话题有兴趣，两人相谈甚欢，可以再继续下去。

感情就像是无声的语言，有时会偷偷暗示一些信息，如果能够主动掌握这些小暗示，你绝对可以跻身说话高手之列。

加强外形魅力的技巧

① 时尚穿着为魅力加分

俗语说：一白遮三丑，一笑泯恩仇。可见表情和外形对人的形象有多大的影响！因此，聪明的女人除了学习各种讨人喜欢的说话技巧外，还应懂得通过外形来为自己的魅力加分！

建议你定期翻阅时尚杂志，注意时下流行的穿着造型重点；如果预算够，还可以定期请造型师帮你打造最适合的形象，让每个人期待着每次与你相遇的惊喜！

② 自信的女人最美丽

你有没有这种经验：很懊恼别人为什么都不听你说话？或是怀疑你说出来的话？

其实，会发生这种情形，有可能是因为你说话的时候不够自信！

有自信的人，说话时会给别人一种安定感，所以说出来的话听起来更有说服力。

因此，如果你想要别人更重视你说的话，就要先培养自信心，用自信的语气和声调说出来的话，别人一定会记得！

其实这件事应该这样处理才对。

对！

对！

③ 注意每季流行的妆感

在这个世界上，90%的人都属于外貌协会会员。因此，如果你是一个跟得上时代，走在潮流尖端的女人，别人跟你说话的态度也会跟着变得比较尊重！

建议你如果不知道现在流行什么样的彩妆，直接走进百货公司专柜吧！专柜售货员会很亲切地根据你的脸型，为你挑选最合适的彩妆产品；如果你请她教你化妆技巧，她是绝对不会拒绝的！

有了这堂免费的彩妆课程，保证你脱胎换骨，充满自信地走出去，身价迅速翻升！

原来如此，谢谢你啦！

这一季流行小烟熏，所以眼影不要画太重！

第四课
长得漂亮只养眼，
说得漂亮得人心

懂得说话，
不但能获得好人缘，
离成功也不会太远。

诚意策略

有了巧舌，
加上诚意，
就能够用一根头发牵动一头大象。

　　说话要成功，第一个策略，就是要让人家感觉到你的热心和诚意——诚意要求的着重点是内容，而热心所要求的重点则在语言的表达上。

　　只要有真实可信的说话内容，加上诚恳的说话方式，与人交际就能达到理想的效果，正如谚语所说："有了巧舌，加上诚意，就能够用一根头发牵动一头大象。"

让诚意"具体"表现

热诚的具体表现是多方面的：

① 对他人尊重的说话礼貌

　　人与人相处，除了道德和伦理上的意义之外，还有其特殊的涵义，而且这种涵义直接关系到你在旁人心目中的形象和声誉，甚至和你所属的公司或团体的目标的实现紧密相关；假如，你的工作性质正好是公关或客服人员，说话时更要注重诚意的表达以及是否尊重对方。

② 骄傲的后果

有一位知名的企业家，有一次代表公司和另一家公司洽谈合作业务，却在约定的时间过后才姗姗来迟，一见面就一本正经地跟对方说："我实在忙得不得了，只有一点时间，所以我们只能长话短说，等一下我还要接见其他客户呢！"

这是典型的错误示范，因为这是公司与公司洽谈业务，不是个人往来，而是商业上的正式公关活动，不管公司规模大小，也不管企业知名度高低，就其地位来说，两人是平等的，但这位企业家显然高估了自己的地位，以无礼的言行举止暗示对方——我是大企业的老板，是大忙人，我能来已经是很给你面子了。

这种狂妄自大的心态，毫无保留地表现在言语上，不但语气令人听了很不舒服，用词也十分不当，诸如"不得了""一点""只能""接见"等"自大型"的形容词，全都是为了炫耀自己的地位，贬低别人的地位，完全犯了人际往来的大忌。

有点语言素养的人都知道，像"接见"这个词语，一般会用在庄重的场合，如上级见下级、国家领导者见外宾等，才会用上"接见"，企业家这样使用是非常不合适的。

因此，企业家一说完，满座皆惊，对方公司代表心里自然很不是滋味，这笔生意当然就此告吹。

所谓"骄傲是失败的种子"，这个例子告诉我们，对人的尊重和说话的礼貌，是任何一个想成功的人都不能掉以轻心的。

言行一致、真心诚意地为对方着想

热忱的另一种具体表现，反映在语言表达上，是表意清晰、语气恳切，则自然容易被对方接受。

尤其是从事服务业性质的女人们更要谨记，大众就是需要你提供服务的人；因此，只要面对顾客，就应该对他们讲信用，真心为他们解决问题。

③新式推销

有人说，只要搞定一个"难搞的客人"，就能得到一个最忠实的老顾客，这句话说的，就是耐心和诚心的说话应对技巧。如果你从事的是服务业，尤其是专柜小姐和精品店员，更要把这个说话原则牢记在心！

晓莉买了一套红色的新衣服，但这套价格不菲的新衣服不但一洗就褪色，还把她的白色上衣染上了不均匀的红色。

生气到极点的她，拿着这件衣服回到当初购买的专柜，向店员说明整个事情的经过，并表明要退换货。

可是，专柜小姐却对晓莉说："这套衣服我们卖了好几件了，你还是第一个找上门来抱怨衣服的……"

晓莉一听，觉得对方像是在责怪她清洗不当才造成衣服褪色，就当场跟她吵了起来。

另一个专柜小姐听到她们大声争吵，走过来询问情况，听了之后又补了一句："所有深色礼服开始的时候都会褪色，这是无法避免的，这种衣服是染过的，一定会褪色的啊！"

第一个店员怀疑晓莉不诚实，第二个

店员说她没常识，晓莉听了简直快气死了！

当她正准备对她们说："你们把这件衣服拿去旧衣回收，不用退钱给我，直接丢到垃圾桶里吧！"那家门市的经理刚巧走了过来。

她很内行，先对晓莉说："小姐，不好意思，可以再把详细经过告诉我一次吗？我是这家店的经理，我可以负责……"

然后，她耐心地听晓莉把话说完，一点都没有反驳，并礼貌地对晓莉说："首先，我为我们的商品造成您的不悦向您道歉。我也不知道这套衣服为什么会褪色？小姐想怎么处理，告诉我，我一定照办。"

十分钟前，晓莉还准备把这件烂衣服扔还给她们，可是现在她却回答："我想听你的建议。我很怕这套衣服会再染坏我其他的衣服，你能帮我想办法吗？"

店经理回答："小姐，你可以再给这件衣服一个机会吗？如果下次它还是令你不满意，我会更换等值的商品给你。这是我们的 VIP 卡，请收下，以后您到我们店里购物一律八折优惠，请原谅我们的疏忽，给您添了麻烦。"

果然，衣服不再褪色了，晓莉却成了这家店最忠实的主顾。

脱下假面具

从各个层面来看，诚实的语言不仅能带来成功，有时甚至还会带来神话般的奇迹；反之，如果无法遵循"诚能感人"的原则，就会失信于众，轻则影响个人的形象和声誉，重则危及公司的前途和生存。

因此，如果你身为企业家或公关人员，最好"有远见"地把"诚"视为处世成功的基础，不要耍弄一些公关技巧中弄虚作假的手段，虽然顾客或大众之中的确有些人比较好骗，但不可能所有的人都是白痴，投机取巧、巧言令色的假面具，总有一天会被揭穿！

身为服饰品牌专柜店员,当客人从试衣间走出来,身上的衣服显然很不适合她,你该怎么办?

✗ 昧着良心称赞她,骗她把衣服买回家

○ 含蓄地暗示这不是她的类型,给她介绍别的款式

日理万机的你身为女总裁,当约定的客户来访,实在抽不出身时,你的态度应该是?

叫他们多等一等……

✗ 反正他们只是小客户,多等一下也没关系

很抱歉,实在是……

○ 老实解释自己的难处,为自己的失约道歉,请他们再等你一会儿

　　说话的技巧再高超,如果没有诚意作搭配,容易给人虚情假意和天花乱坠的不良观感。所以,说话之前先思考一下,用诚意把话说出口,才能得到好人缘!

视对方穿着说话的策略

说话分寸犹如一件合身的衣服，
不仅大小、长短要恰到好处，
款式、色彩也要适合身份、气质或场合……

在日常交际中，经常可以见到有人因为用错了一个词、多说了一句话，或是语气不当，影响了所要表达的效果，纵使言者无意，结果听者有心，而造成某些误会。

说话分寸犹如合身的衣服

如果想使话语表达的结果尽如人意，开口之前，最好先注意语言表达的分寸，做到恰如其分。

所谓的恰如其分，其含义是多方面的，包括词语、句式、口气、文体风格、章法结构，以及所达到的总体效果等多个方面。

打个比方来说，说话的分寸犹如一件合身的衣服，不仅大小、长短要恰到好处，衣服的款式、色彩也要适合身份、年龄、肤色、气质或是出现的场合，否则就会予人格格不入的效果。

同样的意思，不同的说法可以使人听得暴跳如雷，也可说得使人开怀大笑，效果完全南辕北辙。

为对方挑件合身的衣服

　　想要掌握说话的分寸，第一步不妨先看对方的穿着，来决定说话的策略。仔细观察什么人适合什么衣服，再从衣服的款式、质料、质感上去分析，从而判断出这个人的喜好和个性。

　　比如说喜欢样式朴素的人，就适合用诚恳朴实的语言与其交谈；喜欢细致质料衣服的人，跟他说话时要特别注意遣词用字，避免说出一些不雅或唐突的语句，以免惹其不快。

　　如果面对的是衣服质料、款式偏向简单、单调的人，与他说话就比较轻松了，不妨使用豪爽的语气或真诚大方的用语，相信很快就会得到对方的认同。

嗯，对啊！

如果是你的话，我建议，可以……

　　总之，说话前先观察对方的穿着，多少可以看出对方的性格，由此决定自己的说话策略，就能把话说得很得体。

人际练习题

★衣服样式朴素的人，适合诚恳朴实的语言。
★衣服质感精致的人，跟他说话时要特别注意遣词用字。
★衣服款式简单的人，以豪爽的语气、真诚的用语最对味。

说话的"微软"政策

微软的成功，大家有目共睹；
学会"微软"的说话方式，
你才能获得好人缘。

身为娇滴滴的女性，你可知道，其实只要你一开口，在言谈之中已经比男性先成功了一半。因为女性先天的声音优势，比较容易给人舒服的感觉，也比较容易让人放下戒心，如果能够把语气放软一些，别人对你的要求一定无法招架！

软言软语好人缘

有一位朋友因为习惯把"你懂吗"当成口头禅，而被当作一个骄傲的人，与人交谈时，也常常因为这句口头禅而与人产生隔阂；后来经过提醒，他才把"你懂吗"改成"你说呢"，周遭的人才渐渐改变了对他的成见。

事实上，"你懂吗"和"你说呢"语意相同，但"你说呢"比起"你懂吗"，语气放软了很多。

我这样说你懂吗？
懂不懂？

"你懂吗"语气生硬，有种居高临下、盛气凌人的姿态；而"你说呢"语气委婉，显得亲切而礼貌，比较容易使交谈双方产生情感上的共鸣，所以效果也就大不相同。

由此可见，只要语气"微软"，语言的沟通效果就大大不同。

同样的一句话，如果语气强硬，会让对方产生反感，抗拒之心油然而生，就算原本没有什么成见，可能也会因为这句话而重新评估心中的决定；假如能使用"微软式"的说法，则比较不会让对方感觉到敌意。

其实，同样的一句好话，如果说得不够"软"，照样会让人家感到不悦。

让"不"变"是"的软骨功

有一位女孩说服造型师们很有一套，不管造型师们工作如何繁忙，她都有办法让他们为她插队预约。其实，她的口才并不好，但奇怪的是，造型师们都无法拒绝她的要求。

"我知道你很红很忙，但就因为这样，所以我无论如何也要请你帮忙！因为这次的约会对我来讲真的很重要，而那些有空的造型师做出来的作品根本无法与你相比；所以，请你帮我这个忙好吗？谢谢……"

她的软骨功，让对方无法拒绝，使欲出口的"不"变成了"是"。

动之以情，放软身段，别想硬要用道理说服别人；这样一来，在人际交流的领域，你才能获得成功。

语气停顿策略

停顿次数不同、位置不同，
语词关系就有所差别，
句子的意义也会不一样。

在人际沟通的口语表现中，停顿也是一种常用的说话策略。

所谓停顿，是指语句或词语之间语音上的停歇，能使话语划分成段，使话语形式严谨、表态明了、有条不紊。

如果能掌握语气停顿的技巧，将有助于提升表达能力，使信息更为准确地传达出去。

快人"快语"的情况

停顿基本上有两种情况：

① 语法停顿

语法停顿是指句子与分句间的停顿，这种停顿除了句末停顿之外，都是表明词语之间语法关系的停顿，停顿次数不同、位置不同，语词关系就有所差别，句子的意义也会不一样。

能否准确运用这类停顿，直接关系到意义和情感能否准确表达。如果使用不当，有时候可能会闹出笑话来！

某公司的经理在一次调薪的提议汇报中，讲

下雨天留客天，天留，我不留？
天留我不留！ 天留我，不留？

到"在这次提议调薪之中，已经升了职的和尚未升职的员工都应该同时调整薪资"时，在"尚"和"未"字之间做了停顿，于是这句话就成了——"在这次提议调薪之中，已经升了职的和尚、未升职的员工都应该同时调整薪资"。

听取报告的与会人士先是一愣，心想公司怎么会有和尚？接着才恍然大悟地哄堂大笑。

② 强调的停顿

说话者为了强调某个语意或表达某种情感，而在词语或句子之间所做的较大停顿。

这种停顿，通过引起听者联想而产生共鸣，对突出语意、增大信息刺激强度是相当有效的。

要注意的是，强调停顿的运用要恰到好处，一是要顺其自然，如果滥用的话，不仅会造成逻辑混乱，还会因强调过多，令人抓不住重点；二是要恰到好处地掌握好停顿的时间，不管太长或太短都会因为影响听众的情绪而弄巧成拙。

God is nowhere.(上帝不存在)   God is now here.(上帝就在这里)

人际练习题

★在人际沟通的口语表现中，停顿是一种常用的说话策略。

★为了强调某个语意或表达某种情感，可在词语或句子之间做较大的停顿。

★掌握语气停顿的技巧，将有助于提升表达能力，使信息更为准确地传达出去。

★停顿的时间要恰到好处，以免影响听众的情绪。

第五课

牢记小技巧，说话没烦恼

懂得说话，
不但能获得好人缘，
离成功也不会太远。

一见如故的技巧

遇见年纪相仿者，
亲热地直呼其名，
是缩短距离、结交朋友的技巧之一。

　　善于交际的小J，不管在什么场合都能交到许多新朋友，经过一段时间的观察，才发现小J对比她小的年轻人总是很亲切地直呼其名，深得那些小弟弟、小妹妹的尊敬和喜爱；即使是住院期间，也和医生和护士小姐们打成一片。据她说，她的秘诀是从不冷冰冰地以"护士小姐"或"医生"之类的职业头衔称呼对方，而是直呼其名，就连住院的时候都能认识新朋友。

　　可见，遇见年纪相仿者，亲热地直呼其名，是缩短距离、结交朋友的技巧之一。

牢记对方的姓名

　　当你见过一个人的时候，最好牢记对方的姓名和容貌，并且在交谈的时候时常提起对方的名字。

　　试想，假如明明就曾经碰过面，并且互相介绍过，下次见面，对方还是用"啊！这位小姐，你刚刚说的似乎有点错误……"或"对不起，我可以请问你怎么称呼吗？"这样的语气，你一定会觉得他很没有礼貌，而且很不尊重人；反之亦然，如果你这样对待别人，对方一定会觉得你根本不在乎他的存在。

　　如果能够牢记对方的名字，并时常在对话中主动提及他的名字，一方面可以帮助自己加强印象，另一方面，对方也会对你产生亲切感。

想要记住一个人，最好的方法就是不断地把对方的名字和容貌联想在一起；若是真的忘记对方的名字，应该礼貌地向对方表示歉意，再次询问对方并且牢牢记住，否则最好避免直呼他的姓名，以免出错。

主动跟别人打招呼

与别人第一次见面时，多少都会产生防备的心态，想要消除这种紧张的关系，最好的方法就是敞开心胸，主动跟他人打招呼，否则双方都无法踏出第一步，永远只能是陌生人的关系。

记得有位女孩最无法忍受安静地待在聚会的角落，因此每次在聚会的场合，就见她忙碌地在人群中穿梭，抓着素昧平生的人闲话家常，替他们拿吃的喝的或者找位置；由于她总是主动跟别人打招呼，使得别人对她产生亲切感，即使是较为害羞的人也会自然而然地找她聊天。

人们多少都有以自我为中心的倾向，与别人初见面时，可能会放不下身段先开口打招呼，反而期待对方先开口；所以，如果你能够破除这种心理，主动先跟对方打招呼，必定会使他人对你印象深刻！

该聊什么话题呢？

有没有注意到，有些人一开口大家就不约而同地附和，有些人却说得口沫横飞都没人想理？问题就出在话题的选择是否合适。

① 吸引对方的话题

但凡天气、新闻、旅游、共同的经验、亲子教育、健康、电视电影、感情、工作、美食等，都是接受度很高且容易切入的话题，最适合用来作为开口交谈的话题。

最佳话题TOP3

1 新闻：不仅仅是时事新闻、艺人八卦，彼此都认识的朋友最近发生了什么新鲜事，也是很容易聊开的话题。

2 共同的经验：和妈妈们聚在一起就可以聊做菜，和同辈聚在一起就可以聊旅游，和同学当然就聊学校时的趣事，保证话匣子一开就停不了！

3 娱乐性话题：脑筋急转弯、冷笑话等能逗别人会心一笑的话题，都能在冷场时发挥救火作用。切忌说低级的黄色笑话，尽量说一些可爱的冷笑话会比较讨人喜欢。

小花，好久不见了！我在银行上班，你现在在哪里啊？

我在当小学老师，现在学生真的太聪明了，很难教…

最烂话题TOP3

1 讲出来会让人心情不愉快的：像是抱怨别人、倒苦水、报丧之类的话题，除非是熟到你有把握他能接受，否则能避免就避免。

2 中伤别人或说别人坏话：这个除了对个人形象造成极大伤害，让你成为"优雅绝缘体"之外，什么帮助都不会有。名媛淑女要营造高贵的女神形象，就要养成不要说人闲话的好习惯。

3 挑起对立的话题：宗教、党派等因个人观点不同，尽可能别拿来聊天；如果别人先聊起，你点点头就好，别多说话。不吉利的话也不要说，免得换来"乌鸦嘴"的称号。

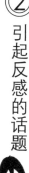

② 引起反感的话题

如果一个人跟你见面，一开口就噼里啪啦抱怨个没完，你会不会想赶快闪人？用同理心想想看，就知道什么话题讲出来会破坏魅力了。

听说送鞋会跑走，你要不要退回去给他啊？

你看！这是我男友买给我的新鞋，好不好看？

讨人喜欢17招

要让别人更喜欢你，
肢体接触别太随便，
不妨以微笑为第一步吧！

第1招

要讨人喜欢，必先喜欢别人

我们很容易会以先入为主的观点去评判第一次见面的人，心想"他大概很难沟通"或"他应该是个亲切的人"，而以直觉判断选择亲近某人或疏远某人。当然，这些"心情转折"我们不会以语言来表示，但是行动往往会泄露你的秘密！

比如说，见到一位其貌不扬的人，心里觉得很讨厌，自然也会回避着不和他说话；虽然你什么也没表示，然而态度却是骗不了人的。

想要和人相交，就应该接受别人、喜欢别人；因为不喜欢的情绪是会感染的，如果你先看对方不顺眼，对方也不会喜欢你。每个人都是有优缺点的，只要多看别人的优点，对缺点睁一只眼、闭一只眼，就会发现对方不像你想象的那么糟，自然就会开始喜欢对方，态度变得和善；如此一来，别人自然也会喜欢你，觉得你是可以交谈的对象。

以愉悦的心情和别人打招呼

有一次到商场去买礼物送朋友，但在专柜前站了很久也没见到服务人员，好不容易找到正和同事聊得起劲的专柜销售，她却一脸不耐烦地问："你要哪个款式、哪个颜色？"

因为专柜销售的态度十分恶劣，所以虽然还挺喜欢那个皮包，最后还是空手离开了。

同样都是招呼客人的话，亲切愉悦的招呼会使顾客愉快，门庭若市；要是恶劣的态度，必定门可罗雀。

日常生活中亦是如此，如果老是拉长着脸，语气沉重地与人打招呼，很可能会让对方觉得你是出于无奈才打招呼，而对你产生排斥感；相反，愉快而开朗的口气和表情，将使对方产生好感，而乐于和你谈话。

保持心胸开朗，说话亲切愉快，将使他人对你留下良好的第一印象。

人际练习题

开心的气氛是会感染的，而且比"流感"的威力还强！所以，女人们，不要吝啬把你最美的笑容与人分享，你的魅力将会改变周围的气氛，让环境随着你而变成适合人居住的乐园！

令人印象深刻的自我介绍

与不熟识的人见面，通常都由自我介绍或经由他人介绍开始，所以一段让人印象深刻的自我介绍是十分必要的。

一般人在自我介绍时，常常含糊地把名字念出来或递上名片就草草了事，结果等于浪费了一个制造良好印象的机会。自我介绍的本事越强，就越能引起他人与你交谈的兴趣，所以应该要把握自我介绍的机会。

"大家好，我叫王俊贵，国王英俊又富贵……"

① 清楚地介绍自己的名字

名字在聚会场所中代表一个人的独特性，所以介绍名字时，应该正确告知对方念法和写法。有个朋友名叫吴首民，每次自我介绍时都会说："敝姓吴，口天吴；名叫首民，首领的首，人民的民；合称吴首民，也就是没有头的人民。不过这可不代表我没头脑，人家说名字和人是互补的，因为我聪明过度，所以父母帮我取名'吴首民'，希望能平衡一下。"

这席话往往会引来一阵大笑，对这个名字的印象也就特别深刻，因此自我介绍时，不妨稍微花点心思设计一下自己的名字，使对方更容易牢记你的名字。

"大家好，我是刚刚那个国王的老婆，美丽的安琪儿，王美琪。"

② 简单地介绍自己的背景、爱好和兴趣

如果只是介绍姓名，传递给别人的信息就显得太少，可能会使对方无法找出话题与你交谈，所以介绍完名字之后，可以简单地补充一些个人资料，使听者能更进一步地了解你，获得更多的信息与你谈话，或是多谈一些有关自己的事，减少双方的陌生感。

③ 从对方的行动谈起

例如看到对方准备下班，可以问一句："下班啦？周末愉快！"

寒暄语就像一把打开话匣子的钥匙，可以帮助你和他人顺利地谈话；不过，在使用寒暄语时还是要小心适当！

第4招

以寒暄拉近距离

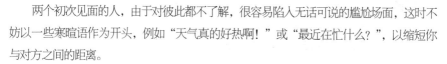

两个初次见面的人，由于对彼此都不了解，很容易陷入无话可说的尴尬场面，这时不妨以一些寒暄语作为开头，例如"天气真的好热啊！"或"最近在忙什么？"，以缩短你与对方之间的距离。

虽然这些寒暄多半没有实质的意义，却能够让初次见面的人免于难堪的沉默。

① 选择适当的寒暄语

从前有两个好朋友，有一次 A 得罪了 B，两人陷入冷战，两天之后，A 觉得对不起 B，决心向 B 道歉。

有一天，A 在咖啡厅里遇见了 B，赶紧笑嘻嘻地上前说："您吃饱了吗？"

B 一听，气冲冲地说："你明明看见我刚上完厕所出来，竟然问我吃饱没？"从此之后，B 和 A 就老死不相往来了。

虽然只是一则笑话，却很可能会发生在我们的日常生活之中，这告诉我们，使用寒暄语要配合时间和场合，免得弄巧成拙。

② 寒暄语中加入自己的意见

寒暄语是个开头，为我们开启话题，但是要让谈话能够延续，最好在其中加入一点自己的意见，让对方能够接续话题。

比方说今天天气非常凉爽，你就可以跟对方说："今天天气真舒服。"如果对方回答：

"是啊!"这时你就必须接上自己的意见,例如:"这么凉爽的天气,实在很适合郊游,对了,您会不会常到郊外走走?"利用询问对方意见,使话题延续。

③ 从天气谈起

不妨以愉悦亲切的口气聊聊无关痛痒的天气,作为开口的契机,打开话题。

④ 询问对方的工作进展、身体状况

例如"这阵子工作忙吗?""快毕业了吧?""气色看起来很好!"等。

第5招

不要忽略沉默者

有些人因为天性内向害羞,在聚会时总是三缄其口,不与他人交谈,而你应该主动与他们交谈。

也许你会认为和他们说话是件很累的事,因为你说一句,他们才会答一句;这时,谈话的"窍门"就是以对方为谈话中心,比如:"听说你从小就学钢琴,那你一定弹得很棒!"或"你在学琴过程中有没有什么印象深刻的事?"

这些话题可以使对方觉得亲切,比较容易开口与人攀谈,等到对方完全放松,谈话自然可以愉快地进行。

第6招

找出双方的共同点

一般人和他人初次见面的时候,都会觉得紧张、尴尬,但是只要彼此能够找到共同点,比方说同一个故乡、同一个学校毕业,两个人身上有其共同点,就会备感亲切。

有位朋友每次与他人第一次见面,开口便会问:"你家住在哪里?"如果对方回答:"我住在捷运永春站那边。"他就可以接着说："永春站啊？那里有一家温州大馄饨很好吃……"不久，两人就打成一片，仿佛是多年不见的友人一般。

通常，两个不相识的人一旦有了共同的话题，很容易拉近彼此的距离；如果想和初次见面的人早点熟稔起来，可以试着找出彼此的共同点。

第7招
不要问太深入的问题

初次见面时，因为双方的信任度还未达到一定的程度，最好不要询问太深入的话题，尤其是他人的隐私，如果贸然提出问题，可能会让对方尴尬，形成交谈的障碍。

小 Q 刚从大学毕业，因为叔叔的关系，被安排与某大企业的总裁见面，希望能谋得工作。在宴会上，小 Q 一见到总裁和总裁夫人便称赞说："夫人真是雍容华贵，想必公子和千金一定也和父母一样出色，不知您有几个孩子？"

话一出口，总裁夫妇脸色就变得很难看，夫人更借故离开，转身与其他宾客聊天，总裁则闷不吭声。原来，这对夫妻正因无法生育而感到苦恼，小 Q 无心的话语又引起夫妻俩的伤心事。

当然，最后小 Q 什么工作机会都没有得到。

与人初次交谈时，应该尽量避免询问自己不清楚的事，以免误解，引起对方不悦。

人际练习题

无论是交往多久的朋友，有些问题真的不适合拿来当作社交的话题，但凡：夫妻的房事，个人过往的秘密，牵涉到存款收入的数码问题等，都会让你变成讨厌鬼！

但是，若你问的是投资的心得和建议，倒是开启话匣子的金钥匙！

不要老是打断别人

其实有许多方法可以帮助你与对方建立一种无话不谈的亲密信赖关系，其中最基本的就是——不要轻易打断他人的谈话。

有位资深的心理辅导老师，他总是能与初次见面的学生在短短一小时内建立起无话不谈的深厚友谊，而他的秘诀就是：不要批评对方说的话。他总是让学生说话，绝不中途打断学生；因为话题一旦被打断，很容易心生不满，让学生觉得老师不尊重他，不但不愿意交谈，甚至会产生敌对意识，所以这位辅导老师总是耐心地听完学生的话，再从谈话中找出问题，一起讨论，建立彼此之间的亲密关系。

有些人比较急性子，一听见某些意见或是想到什么，就马上脱口而出，打断他人的谈话，这很容易就引起对方的不悦；如果想要给他人良好的印象，应该避免出现这种失误。

第9招

就算乏味也要微笑聆听

刚开始因为了解不深，初次见面的两人容易因为缺少共同的话题，而使场面有点"冷"，但是如果对方兴致盎然地谈着他觉得有趣的事，即使觉得乏味，也应该微笑聆听。

比如说，你对排球虽然没有概念，但对方正好对排球有些心得，不但开始为你讲解排球，还讲述一些球场上发生的乌龙趣事，你可不能表现出不耐烦的样子，而应该耐心听他讲完，以免对方产生挫败感，拒绝再和你交谈。

如果你真的无法接受对方的话题，也要等对方讲到某个段落之后，再巧妙地转移话题，避免造成对方的难堪。

每个人感兴趣的话题都不一样，当你觉得他人言语乏味时，也许你给人的感觉也是如此。因此，想要留给他人良好的印象，应该灵活运用说话的技巧，让对方觉得你是一个不错的谈话对象。

相信吧！快乐的日子就要到来……

普希金的诗啊！

第10招 不要过分炫耀自己

你一定常在聚会场合听见有人说想当年如何如何，虽然常言道「好汉不提当年勇」，还是有很多人喜欢夸耀自己的成就和长处，希望借此赢得听者的钦佩，留下深刻的印象，结果常常适得其反，只得到表面的赞美，事实上却引起别人的反感。

有位曾经被选为篮球校队的同事，在一次闲聊中提及篮球，便开始洋洋得意地阐述自己辉煌的纪录。最初大家都兴致盎然地听他描绘当年他如何抢篮板、三分球，结果他愈说愈起劲，讲得天花乱坠，渐渐引起听众的反感，虽然表面上听得津津有味，私底下却封他为「吹牛大王」。

炫耀的心理人人都有，但如何表现得当，不引起他人的反感，则是一种说话艺术。深谙说话之道的人必定会先夸赞对方，借此顺便提出自己的长处，比方说：『您对古书的研究真是了不起，让人佩服，我对这方面就不行了，我一见到文言文就头痛，倒是物理，我还比较有心得……』借话引话，才不至于让对方觉得你在自吹自擂。

如果提及自己的优点和辉煌事迹，切记一定要点到为止，不宜太过，才不会使对方心生反感。

没人比我更会唱歌了！

你唱得过张惠妹吗？

人际练习题

不要觉得率直地讲出心里真正的想法才叫坦诚；在与人谈话的时候，不加掩饰地把心里的负面情绪表现出来，是对听话者的一种不尊重。如果真的不耐烦，就把它当成最后一次跟这个人讲话吧！让他尽兴地讲，你就当个温柔的倾听者吧！

第11招
以最自然的声音说话

某位电台节目主持人在访问特别来宾之前，一定会事先提醒对方用最自然的声音与听众谈话，但他并不是要来宾以随随便便的态度或声音和听众闲聊，而是希望对方以最自然平实的声音在电波中与听众交流，让听众感受到他的真诚，而不是装腔作势。

有位知名人士曾对女人的声音做过批评："有些女性在电话中交谈时，尖锐的声音实在让人受不了，尤其是第一声'喂'特别奇怪，完全与本人声音不同，往往令对方感到惊奇。"

邻居有位太太，平时说话时声音十分轻柔自然，但是只要一聊到她感兴趣的话题，就会不知不觉地用高八度的声音滔滔不绝地说话，让对方觉得耳膜不堪负荷。与人交谈时，这些变调或失真的声音都会让周遭的人难以接受，只有用最自然的声音说话，才能真正打动人心。

第12招
不要任意否定对方的赞美

要说出适当的赞美很不容易，尤其是初次相见的人，在彼此不熟识的情况下，更难把赞美说出口；同样地，接受他人赞美时，要适宜地表现自己愉快的感觉也不容易。

一般人在接受他人赞美时，虽然心中十分高兴，却不好意思表现出来，或是认为对方有其他企图而加以否定或拒绝，而使对方感到难堪，下不了台。

比如对方说："你的衣服很好看，一定很贵吧？"你却回答："没有啦！只是地摊的便宜货，哪有你的那么有设计感！"或者别人称赞你工作有成就，你却回答："不要取笑我了，我哪有什么成就啊！"

像这样的回答，会把对方的诚意完全抹杀，也许只是想要表现谦虚，却给人不好相处或是带有敌意的感觉。

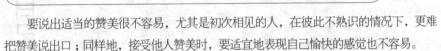

对于他人的赞美，最好的方法就是"欣然接受"，比方有人说："你今天穿得真漂亮！"你可以回答："真的？谢谢！"如果对方又说："真的，尤其是裙摆的设计，好别致！"你可以回答："是啊！我就是因为裙摆的设计很特别才买的！"

面对初次见面的人，称赞话可能是开场白之一，接受他人的赞美，与使用适当的赞美词一样重要，不要事先假设对方的赞美是有所企图的，放开心胸坦然接受赞美，将使谈话的气氛更加融洽。

第13招
不要逢人就倒情绪垃圾

第一次见面，想要很快地与对方建立良好关系，找出愉快的话题也是说话技巧之一。

这个世界上，没有人会喜欢闷闷不乐的人，或老是听人讲述黑暗的命运，谁都讨厌坏消息，悲观的人注定无法获得良好的人缘。

如果你有很多烦恼或是希望别人安慰的问题，最好说给牧师、心理学家或值得信赖且深交的朋友听，千万不要逢人就开始倾倒心中的垃圾，否则不但无法激起对方的共鸣，反而徒增对方反感。

小K个性柔弱，思想悲观，只要一有心事必定马上找人哭诉。她大学时代曾经有过一段罗曼史，后来因为毕业而结束，这件事一直放在她的心里，每每与人谈话时，就会哀怨地向对方描绘她的心酸。久了之后，只要与她聊过天的朋友，都觉得和她谈话十分疲累，因为她总是一直说着她大学时代如何认识男友，又如何伤心地分手，害得别人一句话都搭不上，只能假装同情地耐心听她说完。

这个例子提醒我们，与尚未熟识的人说话时，最好选择较为轻松愉快的话题，尽量不要提及个人的不愉快经验，以免使对方觉得沉闷、无聊。

第14招

避免谈论对方的学历、家世

　　和人谈话时，找到一些能引起共鸣的话题，例如喜欢的运动、旅行或文艺等，的确有助于缩短彼此之间的距离感；但如果是关于宗教、政治等敏感问题，除非是亲密的友人，否则最好避免谈论这些话题，以免产生对立的现象。另外，关于学历方面的话题也应该避免。

　　有一次参加某企业的宴会，在聚会上听到这样一段对话——"你认识这家企业的总经理吗？听说他只有小学学历。""真的啊？才小学毕业就能当总经理？！"这种对话实在很不得体，如果碰巧被当事者听见不知将做何感想？

　　谈论对方的学历、家世等个人背景问题，或多或少都带有"评价"的感觉，如果对方很在意自己的学历或家世，这种谈论会更伤对方的自尊心，使他觉得受到伤害。

　　也许你本身毕业于一流学府，拥有足以自傲的学历，让你能够侃侃而谈，但在人群中谈话或与人初次见面时，应尽量避免谈论到学历问题；假如不小心脱口而出，也要仔细观察对方的反应，对方若面有难色，不愿多谈，就必须赶紧转移话题，避免让对方觉得不受尊重。

第15招

谈吐力求优雅

　　优雅的谈吐就像整洁的仪表，会使人觉得十分愉快；如果习惯运用高尚文雅的辞令，即使偶尔开个玩笑，说些俏皮话，对方仍能感受到你内在的涵养和气质，而乐于与你交谈。

　　相反，如果行为举止粗鲁、满口粗话，则会让对方觉得和你谈话是件辛苦的事，甚至浪费时间，

因此平日应该练习谈话的技巧和优雅的举止，给对方留下良好的印象。

第16招
就近寻找话题

有些人十分善于与人交谈，即使是初次见面，或是遇上不善于谈话的人，都能和他聊得十分热络而愉快。其实他们的"窍门"很简单，他们对于身边的事物，即使是简单的服饰或配件都会仔细观察，一旦对方不知道该说什么时，他们便立刻说："你的领带真特别！"或"这发型真适合你！"如此一来，就能免除无话可说的尴尬场面了。

初次交谈往往因为谈话主题结束，或是因为话不投机而使谈话突然中断，这时可以利用身边的事物为话题，引起对方谈话的兴致，例如随口说一句："这电话好特别！"对方可能就会回答说："是啊！这是我上次去法国的时候买的，那次简直就是血拼之旅……"如此一来，话题自然就又展开了。

其实话题是很容易发掘的，只要多用心去观察，身边的一草一木都可以成为话题，这些话题不但平易近人，还可以增加对方的亲切感。

第17招
留下期待再见的伏笔

谈话结束，要向对方告别时，如果能带着"期待再见"的语气和态度，往往会使人特别想念你，希望能有机会再和你见面。

如果在分别时，能够很诚恳地跟对方说："虽然是第一次和你见面，但却相谈甚欢，像是多年老友重逢，希望下次还能见面多聊聊！"或是"晚安！今天真是愉快，希望下次聚会能赶快到来。"将重点放在下一次重逢，即使是初次见面的人，也会因为期盼下次再和你碰面，而对你印象深刻，在分别之后特别想念你！

不是面对面，该怎么说话

随着科技日新月异，我们很多时候与人的交谈不是面对面，而是对着冰冷的机器，像是手机、电脑等。在这种没有办法用表情辅助的状况下，该怎么让对方明白你的态度而不产生误会呢？

① QQ上的交谈

不看对方的表情，只用打字交谈，有很多『眉角』要抓好，否则很容易使人产生误解。比如：用字很简短，很容易给人冷漠的错觉；打字太快，人家还没问完你就回复了，很容易让人觉得没默契。诸如此类的小小错误，我们可以用以下的方法弥补。

QQ辅助小技巧TOP3

1. **表情符号**：超可爱的QQ表情小图，尤其是笑脸、小动物和爱心图案，请多多使用，会让交谈的气氛融洽许多。

2. **语气拉长**：比如"真的啊"就可以故意打成"真的啊~~"，"午安"就可以打成"午安啊~~"，语气拉长会让人感觉你心情很好。

3. **慢一点再送出**：如果看见视窗下方有一排字，显示对方正在输入信息，你就等那排字消失后再打字送出；把对方要说的话都听完再一次回答，这样会让对方感觉受尊重。

lala_girl@yahoo.com.tw 线上

美美丽的女子：这次还好有你帮忙，真的非常谢谢呢~

帅哥：哈哈，别客气！以后有需要找我！

110

我们都知道，电话费很贵，所以也养成了讲电话时『明快、简洁、易懂』的好习惯。但是，还有其他几个因素也会影响别人对你的印象，很简单却很重要，请把它们记下来，让你成为电话沟通魅力女王！

1 一出声就要给人好印象：刚睡醒的沙哑声、生病时虚弱无力的声音、讲话像含着卤蛋的咬字不清等都要避免。一开口，就要是明亮又开朗的语调！

2 打电话要看时间：中午在办公室休息时，尽可能别打去联络公事；晚上吃饭时间，也不要打扰客户用餐的心情。这些基本礼貌如果贴心做到，你的人缘一定百分百！

3 复诵很好用：经过消化整理出重点，然后复诵给对方听，确认你有没有误解对方说过的话，可以避免将来可能发生的纷争。

这个星期六白天我不用上班，我们一起出去走走，去吃饭、看电影好不好？

好啊！那我们约星期六中午12点，你来我家接我，一起去吃中饭，吃完饭看电影，这样好不好？

玩笑开得好，人缘好到不得了！

幽默，让你成为超人气女王

谈吐幽默的女孩子，走到哪里都比较受欢迎。

但是，幽默指的是"有分寸的玩笑"。玩笑开得好，人缘一定好到不得了；玩笑开得不好，则会让一个人从"好人缘"变成"讨人厌"！

本书将开玩笑的技巧段数，分成进阶、中阶到高阶三个阶段，每个阶段列举七种女性必知的幽默技巧，融合笑话为辅例，让你轻轻松松地在阅读中，就能明白玩笑怎么开才最恰当。

什么样的幽默，能让你稳坐"社交女王"的宝座？什么样的玩笑又属于"自以为是的幽默"，最好避免？

本书也会让女人们知道，对象不同，开玩笑的技巧也会有所不同。

举例来说，如果想对初次见面的人展现幽默、拉近彼此关系，就可以选择以自嘲的方式、或者玩一些谐音游戏，这些都是跟新朋友开玩笑时比较安全的方式。

想要讲冷笑话给别人听，就要挑熟朋友来说，才会达到"笑果"！

到男朋友家里做客，或是对职场的客户，又要说些什么笑话才适当？本书都

有实际的解说和举例，让你既能开玩笑、又懂得分寸，让对方赞不绝口，人气直线上升！

说话，是一门艺术；说笑话，更是社交女王的必修学分！

如果你能把每次与人交谈的短暂相处，加入幽默的魔法，让它变成一场精彩绝伦的喜剧电影，相信听你说话的人除了舒服，还会对你感到佩服。

女人们，如果你希望在别人的心中留下美好的印象，那么请从这本书开始，培养幽默说话的口才，变身超人气女王吧！

第六课

做诙谐丽人，愉人又悦己

幽默的女孩，不仅人缘好，连恋爱都谈得比别人开心。让我们一起轻松学幽默，自然地与异性相处与互动吧！

让爱情包着幽默的糖衣

谈恋爱的时候，不仅要有温柔的感情不断激发热情，还要有充沛的幽默元素表现你的灵巧和有趣，让这段感情更开心、更朝气蓬勃。

善用幽默换取幸福

有个男人某天回家时，气喘吁吁地跟老婆说："你知道吗？我今天跟在公交车后面跑回来，赚了15元。"

老婆听了，微笑着说："你为什么不跟在出租车后面跑呢？这样你就可以赚120元了！"

结果这篇对话为夫妻俩的晚餐制造了愉快的开端，他们整个晚上心情都很好。

美国的艾森豪威尔总统曾经讲过一个笑话：

有个朋友应邀参加高尔夫球四人对抗赛，因为当时老婆在场，所以他说："很抱歉！我太太不喜欢我打高尔夫球。"

球友听了，取笑他说："何必怕她？你是个男人，还是一只老鼠？"

整天工作不运动，肌肉都不见了。

亲爱的，你又不是摔跤选手，要那么多肌肉做什么？

朋友回答："我是男人，但是我太太怕的是老鼠。"

这句话让在场所有的朋友都笑了。

艾森豪威尔总统这位朋友知道老婆反对他打高尔夫球，所以他的回答既顺从老婆的意愿，也表达了自己的抗议，并且以幽默引发笑声，愉快地结束了这个话题。

夫妻生活就是需要这种幽默来调剂，无论在什么情况下，一对会以幽默来润滑生活的夫妻，获得的幸福与安定将比任何家庭都多。

在生活中创造喜悦

有个 8 岁的小孩在写作文，题目是"我的父亲"，小孩想了半天，才写了一段：

"我的父亲很伟大，他会爬上世上最高的山，会游过世上最大的海洋，会驾驶世上最快的飞机，也会打倒世上最凶猛的老虎。"

写到这里，小孩的母亲走过来看了看，拿起笔加了一句："但是，平常他只是会把垃圾拿到屋外去。"

父亲看到这句评语，大笑不已。

小孩的母亲在夸大事实的词句后面加上一句缩小事实的词句，这样就造成强烈的幽默效果，引发丈夫的笑声，这就是凭借幽默的力量在生活中创造喜悦。

有人曾问美国著名心理学教授赫伯："什么是生活的喜剧？"赫伯回答说："如果我们花许多时间和心思使自己爱别人，这就是喜剧；如果我们花很多力气使自己显得可爱，那便是悲剧。"

什么节日都要送礼，你当我是超人啊？

不是超人，是送我礼物的圣诞老公公！

幽默可以打破惯性思维

我们平常的对话都适用于"鸟笼原则"，如果脱离了这个原则，容易给人没有逻辑的无厘头感觉；但是"幽默"是唯一的特例！

如果把一个漂亮的鸟笼挂在房间最显眼的地方，过不了几天，主人一定会做出下面两个选择之一：把鸟笼扔掉，或者买一只鸟回来放进鸟笼里——这就是鸟笼逻辑。

过程很简单，设想你是这个房间的主人，只要有人走进房间看到了鸟笼，一定会忍不住问你："里面怎么没有小鸟？死了吗？"当你回答："我从来都没有养过鸟。"对方一定会问："那你挂一个鸟笼干什么？"最后，你不得不在两个选择中二选一，以避免永无止境的解释。

鸟笼原则告诉我们，人们绝大部分的时候都会采用惯性思维来沟通，才能得出一个双方都满意的答案。

思考不受限

有一个笑话，说明天才与白痴之间只有一线之差。

一个白痴对天才说："我的牙齿和眼睛可以放在一起，你的能吗？"

天才说："这不可能吧！"

于是两人就开始打赌，白痴把左眼的假眼球摘下来用牙齿咬着，得意地对天才笑了笑，接着又说："我的另外一只眼睛也能够做到，你相信吗？"

天才心想：不可能两只眼球都是假的吧？如果都是假的，那要怎么看东西啊？于是天才说："我不相信！"

于是两人又打赌，这一次，白痴把口中的假牙摘下来，放到另一只眼睛旁边，把天才给吓坏了。

第一幕：

真的假的？你练过瑜伽吗？

打个赌，我可以把鞋底举到头上！

幽默小技巧

这个笑话读来让人忍俊不禁，每个人由于受家庭、教育、学识等各方面的影响，往往会形成自己固定的思维模式，习惯从惯常的角度思考，所以老是从同一个角度来认定事实；一旦有一天能从另一个角度来思考，就会发现一个全新的视野，也许以前一直认为不可能的事，就在一刹那间成真了也不一定。因此，不妨以幽默的思考重新看待身边的事物，你将会发现世界变得很不一样！

第二幕：

够了你，哈哈哈……

（把鞋子拿下来，举到头顶上）

❀ 一则故事

有非洲草原『万兽之王』之称的狮子，在草原上漫步时遇到一只正在吃草的斑马。

狮子为了要让斑马知道自己是万兽之王，就向斑马大吼道：

斑马！在这里谁是万兽之王？

大王，您就是万兽之王啊！

狮子听了，很满意地走开了。

不久之后，他遇到一只在矮树上采水果吃的猴子，为了要让猴子也知道自己是万兽之王，于是他对猴子大吼一声，然后问他：

瘦皮猴！在这里谁是万兽之王？

大王，您就是万兽之王啊！

狮子听了，又很满意地走开了。

因为有前面的成功经验，狮子爱上了这个游戏带来的成就感，于是继续游走在草原中，找寻下一个可以示威的动物；而且，要找更有挑战性的。

不久之后，狮子遇到一只大象，为了要让大象知道自己是万兽之王，他还是照例对大象大吼一声：

笨象！在这里谁是万兽之王？

没想到，长得很强壮的大象可不吃狮子这一套，他没有回答，转过身就用长鼻卷起狮子，用力把狮子抛向一棵大树。

当下，狮子撞得鼻青脸肿地从地上爬起来，缩着尾巴对大象埋怨道：

幽默启示

这个小故事，让你笑了吗？你知道为什么会笑出来吗？

有时候，歪理穷辩、自我解嘲、巧言解释，碰到弱小的动物虽然霸气十足，不过要是碰上比他庞大的家伙，可未必买他的账。

有『万兽之王』之称的狮子，真的会令人啼笑皆非。

结果狮子被大象修理了，还不肯认栽，于是只好自我解嘲地说：

『你不知道答案就算了，何必生这么大的气？』

这种为自己所做的巧妙辩护，就像恶人先告状般无厘头，常使人不禁莞尔。

有的时候，女朋友明明闯了祸，但是因为辩解的理由实在太可爱了，男朋友还是会笑出来，就是这个原因。

幽默挡箭牌

直截了当地拒绝对方，很容易伤了别人的心；如果以幽默当挡箭牌，来婉拒他人的好意，结果就不同了！

直截了当地拒绝对方，是很容易伤别人的心的，这时，不妨以幽默当挡箭牌来婉拒他人的好意。同样是拒绝，如果夹杂机智与自嘲的幽默话语，也许能让对方一笑置之，也不会伤害到对方，自己心里的负担也比较轻。

说笑有前提

每年女友生日，阿央总会送她一件名牌服装作为生日礼物；这几年，女友渐渐发福，心宽体胖了起来，但阿央还是维持送服装的习惯。今年生日，女友对阿央说："我真的很喜欢这件衣服，但是它已经塞不下我那两根萝卜了！"

阿央听了后，当场哈哈一笑，以后再也不送衣服，而改送其他礼物。

假如女友生气地质问好心送礼物的阿央："难道你看不出来我已经胖得塞不下那件衣服了吗？你干吗故意送衣服来刺激我啊？"阿央听了会做何感想？

以幽默的口气婉拒别人的好意，才不会伤了别人的心！

小说《围城》中，男主角方先生邀请鲍小姐吃西餐，结果上桌的菜肴没有一道是可口的：汤是冷的，鱼像已经登陆好几天的海军陆战队，肉像曾长期潜伏在水里的潜水艇士兵，霜淇淋是融化的，除了醋之外，面包、牛油、红酒无一不酸，鲍小姐便抱怨道："我没牙齿咬这些东西！这馆子糟透了！"

你不喜欢吃就饿肚子吧！

你怎么带我来吃这种难吃的饭啊！

小说中的男主角因为要追求她，所以能忍受她的抱怨和无理取闹；但如果是现实生活中，朋友好心请客，而我们却抱怨这、抱怨那的，未免太不给朋友面子了，大家要谨记，不要变成这么没有风度的女生！

幽默小技巧

有些时候，当你不知道该怎么反应时，不讲话要比讲话效果好！有些女孩不懂幽默却偏爱开玩笑，无意间伤了别人的自尊心都不知道，那可是会让人缘大大扣分的！

真正社交界的女王，应该要能领受他人的好意，宁可自嘲也不要伤人家的心；即使对方的好意不适合你，也要念在对方一片盛情，委婉地在不损及对方心意之下，以幽默的妙言妙语来包装拒绝，这样才不失女王的风范！

他居然说我的腿好像两根萝卜，气死我了！

哪像啊！你看过又黑又粗又长毛的萝卜吗？

机智的幽默

有一颗快乐的心，胜过家里开药房，可以抵挡千百种疾病的入侵。

《圣经》上有一句格言："人们有一颗快乐的心，胜于怀藏着一袋药囊，可以治疗百病。"

幽默和机智如果运用得当，可以让气氛轻松起来，遇事也能化险为夷。

说笑攻击法

机智以智力为根据，凭着机智，通常可以把不相关的事情巧妙地联结在一起，也可以在文句上耍花样，却不一定会让人发笑；至于幽默所构成的，并不是字眼方面的玄虚，而是得体的自我玩笑，可以引人会心一笑。而机智型的幽默，则是反应极快的反击，在交际上可以压倒别人，显出自己的聪明之处，也可以挑起别人的兴趣，缓和紧张或紧绷的局面，使大家开心。

用机智的幽默引起他人的兴致，你说一句笑话，可以像一缕阳光驱散重重的乌云似的，一切的不快、怀疑、郁闷，都会在一句笑话中消散无踪。

机智的幽默运用得当，可以使敌对的人哑口无言，也许还可以化解尴尬的

虽然看起来料子不太好，不过我还是试穿一下好了！

不然别买了，免得这衣服质料太粗，刮伤你婴儿般的肌肤！

局面，赢得别人的喝彩。幽默大师马克·吐温就曾运用这种机智，缔造了一则有名的笑话。

马克·吐温有次去拜访法国名人波盖，波盖取笑美国历史很短："美国人没事的时候，往往爱想念他的祖宗，可是一想到他的祖父那一代，便不得不停止了。"

马克·吐温听了，便以充满诙谐的语气说："当法国人没事的时候，总是尽力想找出究竟谁是他的父亲。"

但这么犀利的机智并不是每个人都能运用得当，因为它可以把一粒微小星火扇成炽热的怒焰，和对方争辩的结果不是全面得胜，就是一败涂地，所以除非必要，还是不要随便对人"开火"比较好！

优雅脱身法

在社交场合中，我们难免会碰到话不投机半句多的人，或是讨人厌的人。

这时候，千万不要硬跟对方辩论下去，或是耐着性子听对方滔滔不绝地讲下去，委屈你的耳朵和浪费你的时间！

你可以先开心一笑，然后说一句赞美对方很幽默的话，借故有事先离开吧！

巧辩，也是一种幽默的艺术

所有的幽默小品或笑话，多少都有意外的布局安排；结局越出乎意料，达到的效果越好，这正是幽默的基本原则。

灵感，总是在不经意时来临，却又在期盼它时不再出现；然而，透过惯性运动的原理、熟能生巧的结果，灵感其实是可以训练的哦！

东方人通常都在严谨、严肃的环境中长大，幽默感远不如西方人，东方人向来也崇尚"直来直往""快人快语"，不像西方人那么诙谐，具有语言的弹性。

其实，所有的幽默小品或笑话，多少都有特殊情境的设计，或是意外的布局安排，很少是平铺直述的，这正是幽默的基本原则。

你光着屁股去我也不反对，哈哈！

我今天不太想穿裤子！

很多异想天开的笑话或是饶有趣味的小故事，通常都出自歪理，如果能从幽默的角度欣赏，"歪理"不但能让气氛变得更轻松，也可以训练我们的想象力，激发灵感的来源。习惯幽默的人，是很容易触类旁通的。

鸡蛋的"妙用"

① 虽没下过蛋，却知道鸡蛋的味道

在经过一场激烈的争论之后，作家对厨师说："你没从事过写作，

因此你无权对这本书提出批评！"

"岂有此理！"厨师反驳道："我这辈子没下过一个蛋，却能尝出炒鸡蛋的味道，母鸡能吗？"

② 虽是下蛋鸡，也不一定要认识吃蛋的人

某文学大师平时最怕被人宣传，更不愿在媒体上露脸。

有一次，一位很仰慕他的英国女士求见，他仍然执意谢绝。

他在电话中对那位英国女士说："小姐，假如你吃了鸡蛋，觉得味道不错，你会想要认识那只下蛋的母鸡吗？"

③ 不用全吃完，就可以知道鸡蛋臭掉了

有位编辑接到一封抗议的信，信上说："先生，上星期您退回我写的一篇文章，可是我知道您并没有读完，因为我故意把中间几页稿纸粘在一起，而您并没有把那几页拆开。我认为，没有读完就把稿子退给我，似乎有点草率。"

于是编辑回信道："今天早上我吃早餐时，盘子里放着一个鸡蛋，我不需要把整颗鸡蛋吃完，就知道那颗蛋已经发臭了。"

这三则小故事，凑巧都是以鸡蛋作比喻，展现创意妙答的雄辩功力。其实，"歪理"指的是"拐弯抹角"或较迂回的理由，英式的幽默尤其如此。

幽默好迂回

举例来说，说话直截了当的人，通常会说："这鱼太不新鲜了！"但如果要变成趣味的笑话，就像这样——

某人去买鱼时，频频把鱼拿到鼻前嗅一嗅，鱼贩看得发火了，问："你在做什么？"

那人说："我向鱼打听一些海中的消息。"

鱼贩没好气地问："那它跟你讲了什么？"

"它说它不知道，因为它离开海到这里已经有三个星期了！"

幽默的表现方式多么迂回啊！就好像不问"你愿意嫁给我吗？"，而是问："你愿意做我孩子的妈吗？"但若是无法理解的人，很可能会误以为此人已有一个孩子了！

可见创作笑话固然难，讲述笑话尤其难，但听笑话也不见得容易；幽默的欣赏能力也需要一些水准的。至于"歪理雄辩"或"歪理穷辩"的诡辩，更是匪夷所思的高级幽默。

幽默好机智

有些诡辩的例子，基本上就是充满机智、充满智慧的故事。

① 以子之矛攻子之盾，令对方为之语塞

中世纪出名的神学家安瑟伦宣称世界是由"全能的上帝"创造的，而上帝是宇宙的主宰，他无所不知、无所不能。

为了反驳"上帝万能"的谬论，无神论的代表人物向安瑟伦提出了一个问题。

无神论者问："上帝能否创造一块自己举不起的石头？"

"当然能！上帝是万能的！"安瑟伦不假思索地回答。

"既然上帝有一块石头举不起来，怎么能说是万能的？"无神论者反问。

② 另类思考大唱反调，令对方无言以对

谚语其实是一体两面，当对方以谚语的一面攻击你时，你可以从另一面反击，可以说，任何名言都有弱点。

雅典有一位母亲想劝儿子不要参与政治，她说："如果你说话公正，有坏人恨你；如果你说话不公正，好人要恨你；所以你总是招人恨！"

结果儿子用对抗法反驳道："如果我说话公正，有好人爱我；如果我说话不公正，则坏人爱我；所以我总是有人爱！"

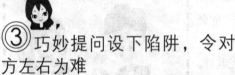

③ 巧妙提问设下陷阱，令对方左右为难

唐太宗想帮文成公主找个乘龙快婿，而文成公主提出一个条件——谁能提出一个难倒她的问题，她就嫁给谁。

于是，众多求婚者提出许许多多稀奇古怪的问题，文成公主均能对答如流，使求婚者高兴而来、败兴而归。

松赞干布知道后，冥思苦想了好几天，终于想出一个妙语，于是他去见文成公主，十分恳切地对文成公主说："请问公主，为了使您成为我的妻子，我应该提出什么问题才能难倒您？"

对于这巧妙的提问，聪慧的文成公主什么话也没说，就答应了这桩婚事。

幽默小技巧

诡辩常是异想天开的产物，不是给人"意外"感受就是难分轩轾的"两难"局面，使得过招的过程变得富有趣味，可以说是幽默最高的境界。

女孩子的社交魅力，来自能与对方产生自然而活泼的互动。

如果太过听话、顺从，对于对方的论点只会点头附和，连声赞同，这样的你在对方眼中是完全没有魅力的！

如果什么话题都反驳，硬要说理给对方听，让对方同意你的观点，更会使你成为人人敬而远之的冰山美人！以后再也不敢靠近你，更别说主动开口跟你说话了！

能引起最好人际互动的说话方式，是像打乒乓球一样，有来有往，有节奏和律动；偶尔来个"杀球"或是"小便球"，让对方感觉到意外的快感。即使对方没来得及接住你偶尔丢出来的小幽默，停顿一下之后，一定还是会会心一笑的。

幽默的智慧

要幽默也要有智慧！

当你听不懂别人说的笑话时，要如何反应？

听不懂别人开的玩笑时，先不要急着哈哈大笑或是点头回应，因为那会让对方误以为你已经懂了，或是同意了他的观点。

万一他的玩笑话带有人身攻击色彩，或是带有吃豆腐的嫌疑，你的笑和回应将让自己陷入不利的境界，甚至让对方看轻你、不尊重你，以为你是随便的女孩！

最好的方法，是诚恳地问对方："不好意思，我刚才没听清楚您的意思，可以再请您说一遍吗？"如果他不敢再说一遍，那就表示有鬼了！

第七课

社交女王的幽默入门班

平常太过认真严肃的女人们，可以从这一堂课开始，培养自己的
幽默感，让自己摆脱"冰山美人"的形象！

魔法1：谐音逗趣

懂得利用谐音引起一些联想，是造成"笑果"的最简易方法，这种谐音笑话的表现技巧，可谓"最佳音效"！

经典范例

某天放学后，阿星兴高采烈地跟妈妈说："妈妈，今天老师发成绩单了！而且老师给我的评语是'品学兼优'！"

阿星妈妈一听，心想祖先保佑，阿星终于开窍了！这下她可对得起祖先了！没想到接着又听见阿星说："咦？可是为什么这个'品学兼优'的'优'没有人字旁啊？"

阿星妈妈听了差点没跌倒……

★"品学兼忧"（令人忧心）就是"品学兼优"的最佳音效！

谐音笑话的魔法

如果幽默有所谓的"训练班"的话，"谐音笑话"的制造无疑是初级班。

说笑话的第一个秘诀，就是利用谐音的技巧，取得逗笑的资源。懂得利用谐音引起一些联想，是造成"笑果"的最简易方法，这种谐音笑话的表现技巧，可谓"最佳音效"！

你看起来好像"贤妻良母"！

其实是"闲"妻"凉"母啦！

"最佳音效"的笑话类型可以分为以下三种：

① 同音又同义

台湾省台北市"馆前路"因为有相当多的金融、保险、证券业者，所以被戏称为"管钱路"。

② 同音不同义

在马路上开车无难事，只怕有"新"人——"只怕有'心'人"变成"只怕有'新'人"，指开车技术不好的新手驾驶。

③ 方言谐音

广告词"肝若好，人生是彩色的；肝若不好，人生是黑白的"，可以变成——"官"若好，社会是彩色的；"官"若不好，社会是黑白的。

其实，谐音的类型还有很多，甚至连各地乡音都可以变成各种类型的笑料，聪明的女生一定可以举一反三的！

解馋的速食幽默

利用谐音说笑的说话技巧既简单又不伤脑筋，也容易制造轻松的气氛，堪称幽默入门的第一把钥匙，大家都可以信手拈来，不费吹灰之力。

不过，这一类型的幽默表现手法，在初学幽默的人口中屡见不鲜，却不常被擅长说笑话的人使用，只在灵感枯竭时偶一为之，对"高手"而言，这种技巧只是初级班而已，不能老是以此为乐，常听的话也会觉得不好笑。

这种类型的笑话，就好像速食面，摆在家里偶尔可以解解馋、填饱肚子，但经常吃可不是一种好习惯。

因此，练好幽默初段的人，不要老是用那几招，赶快让自己升级吧！

谐音的比较——为什么VS魏什么

有一个男孩，半夜时想打电话跟女友谈情说爱，结果很不幸地被女孩的母亲接到。问明来意后，那位母亲隔着电话线，很不悦地问这个男孩：

你姓啥？

我姓魏！

魏什么？

我也不知道为什么？我爸也姓魏。

 幽默的智慧

开玩笑，一定要有分寸。

谈吐幽默的女孩子，走到哪里都比较受欢迎。但是，女人们必须弄清楚，展现幽默并不等于开玩笑！

幽默，指的是"有分寸的玩笑"；玩笑开得过头，就变成了人身攻击。即使对象是很亲密、很熟悉的朋友，玩笑开得不好，也会让你一下子从"好人缘"变成"讨人厌"。

不能拿来开玩笑的话题因人而异，要靠你对他的熟悉程度来巧妙地避开！从这一点来看，我们可以掌握一个原则：对初次见面的人，尽量不要开玩笑。

那么，如果想对初次见面的人展现幽默、拉近彼此关系，又该怎么做？你可以自嘲、玩一些谐音游戏，这些都是跟新朋友开玩笑时比较安全的方式。

魔法2：意外收场

笑话最重要的条件，就是不落俗套；简单地说，就是要给听者一个"意外之感"，把最重要的关键字摆在最后一句。

经典范例

小美特别偏爱藤器，每次逛街都对各种编制玲珑的藤器，如花盆架、杂志架等，爱不释手、流连徘徊。

某天，男友陪她去逛台北士林夜市，路过一家藤器店，老板娘一看见小美就很热心地告诉她：

"你上一次不是要这种报纸篓吗？今天工厂刚送来，一只320元，你要不要？"

小美回说如果能算便宜一点就买，但老板娘执意不肯，男友连忙帮忙杀价：

"老板娘，她是你的老顾客啊！你就算便宜一点嘛！"

不料老板娘却回道："什么老顾客？她只是游客——每次都只看不买！"

老板娘，她是你的老顾客！你就算便宜一点嘛！

什么老顾客？她只是游客——每次都只看不买！

意外收场的魔法

说笑话最重要的条件就是不落俗套，简单地说，就是要给听者一个"意外之感"，同时必须把最重要的关键字摆在最后一句，让听者在听完的那一刹那立刻受到震撼，那就成功了！一个笑话的背景，必须在过程中就交代清楚，让最后一句只是结论，而不可再加以解释，否则就是画蛇添足了！

如果一个笑话无法以任何"魔法"来归类，通常就属于这一种幽默手法了，可能是有个意外的结局，或是一句意外的结语。

什么动物这样叫

在课堂上，老师正在问小朋友问题：

占便宜与吃亏

四个同寝室的大学生，在大四那一年，决定长期选择学校对面的一家小餐馆订外卖。

小餐馆负责送外卖的小弟十五六岁，长得细皮嫩肉、唇红齿白，活像个小女生；所以，四个大学生每天都要逗他玩。

转眼之间，到了毕业前的最后一次送外卖：

神奇的蚂蚁

在美国，有个男子被判刑 12 年，在狱中非常无聊的他，有一天突然发现一只蚂蚁居然听得懂他的话，让他非常兴奋，于是便开始训练蚂蚁。

几年之后，这蚂蚁不但会倒立、翻筋斗，还会走钢索、跳火圈，令他颇为得意。

终于等到出狱的那一天，他第一件事便是找一间酒吧，炫耀他那只神奇的蚂蚁。

他先跟酒保点了一杯酒，等酒送上来后，他就把蚂蚁从口袋中掏出来放在桌上，大声对酒保说：

魔法3： 妙用成语

懂得用谐音引起一些联想，会造成"笑果"；懂得使用成语，
也能带来联想的效果。

经典范例

范例1

A："为什么黑帮老大出了事，总叫小弟出面顶罪坐牢？"

B："因为，有事弟子服其'牢'嘛！"

范例2

某年轻教授继承乃师之风，当人当得凶，于是学生推派代表前去讲情。

学生："吾师当人已超越师祖，能否稍微放宽？"

教授："你们做学生的可以'青出于蓝'，难道我就不能'当''人'不让于师吗？"

成语拐个弯用的魔法

懂得用谐音引起一些联想，会造成"笑果"；懂得使用成语，当然也能带来联想
的效果，毕竟说笑话还是需要一些典故，才会扣人心弦、引起共鸣。

成语用得好，常能显示出强大无比的辩驳力量，尤其成语通常简洁有力，比起千
言万语的说辞更能令人折服，对于有共同经验的人来说，笑话自然容易吸收。

熟练以下几种方法，你也可以妙用成语！

① 利用熟知的成语

利用一般人熟知的成语、流行语加以改编运用，可使讲话简洁有力，形成趣味感。

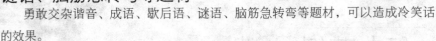

② 改编已形成流行语的广告词

当某些广告词已形成流行语时，故意套用并加以改编，可以制造笑料。

③ 交杂谐音、成语、歇后语、谜语、脑筋急转弯等题材

勇敢交杂谐音、成语、歇后语、谜语、脑筋急转弯等题材，可以造成冷笑话的效果。

④ 举例说明

有一天两个男人在对话——

A："因为选举投票对象不同，我和我老婆发生争执，晚上我老婆居然拒绝履行夫妻义务。"

B："那怎么办？"

A："还好我说了一句话，她才欣然同意。"

B："哪一句话？"

A："政治归政治，体育归体育。"

这句"政治归政治，体育归体育"，显然是套用名句"属于凯撒的归凯撒，属于上帝的归上帝"，也是一种"妙用成语"的幽默方式，更有趣的是把床第之事说成"体育"，真是太妙了！

一般来说，成语妙用的表达技巧比较需要听众有理解力、想象力，如果对方听不懂，必须重新解释一番，笑料的热度就大打折扣了！

万一是对不同程度、没有共同阅历的人讲有关成语妙用的笑话时，最好事先把一些关键成语解释清楚再开始讲比较妥当；如果不先做解释即贸然讲出笑话，等到对方听不懂再来解释，就弄巧成拙了。

魔法4： 小题大做

小题大做，顾名思义就是一种夸张法。或者是把毫不相关的两回事扯在一起，有时也会产生"笑果"。

经典范例

有一个人只有 3 根头发，有一天，他来到一家非常有名的发廊准备做个造型。

店员："请问你要设计什么样的发型？"

顾客："我没什么意见，你决定就好。"

店员："那我帮你编辫子。"

结果，在编辫子的过程中不小心掉了一根头发。

店员："啊！不好意思，有一根头发掉了怎么办？"

顾客："没关系，那请你帮我梳个中分的发型好了。"

结果，在梳头发的过程中又不小心掉了一根头发。

店员："糟糕！又掉一根头发了。"

顾客："那算了，我披头散发地回去好了！"

小题大做的魔法

小题大做，顾名思义就是一种夸张法。

从事广告撰文工作的人，应该最擅长此一类型的幽默，凡是最佳宣传词，多半拥有"小题大做"的技巧。下面这段话，就是夸张的一种广告手段：

在一个进入沙漠区之前的小镇上，第一家加油站站前的巨型看板上写着"此去即是沙漠地区，除本加油站之外，您举目所见的其他加油站皆为海市蜃楼，请即刻加满油箱以保安全。"

小题大做的另一个方法，就是把毫不相关的两回事扯在一起，有时也会产生"笑果"。

在我们的生活中，处处都可以表现这种幽默语言，只要在我们所要讲的话之前加一句比较大的事件将它扯在一起，所说的话就会幽默起来，例如："上帝创造世界只要七天，你怎么那么久啊？"或"天啊！你的狗把我的沙发踩脏了，麻烦你把他搬到地球上，可以吗？"

此去即是沙漠地区，
除本加油站之外，
您举目所见的其他加油站
皆为海市蜃楼，
请即刻加满油箱以保安全。

幽默练习题

断手的原因

有一天，阿比的手上打着石膏。

速度太快了

一只乌龟在散步时无意间从一只蜗牛身上爬了过去。

重伤的蜗牛被送到医院急救，当蜗牛清醒后，警察便询问他当时的情况。

对八哥的期望

阿平很喜欢八哥，特地买了一只来教它说话，结果阿平突然被公司派到南部受训，只好拜托小妹继续教它说话。临行前，阿平交代小妹：

夸饰的艺术

有的时候，我们会听到一些人大言不惭地形容自己的成就，但明明大家都知道他其实没那么伟大！这种情形，不仅会让听者不舒服，严重的话还会影响自身的人格形象。

说话太夸张，会在别人心中形成浮夸、不值得信任的负面形象；同样，小题大做的夸饰幽默，也要有所斟酌，才不会造成听者心中的疑虑，导致你说话的可信度大打折扣！

如果你要强调一个人很漂亮，你可以说她"美若天仙"（之前介绍的成语用法引申）、"像极了安吉丽娜·朱莉"（帮助听者在记忆能及的范围内进行想象），但不能说她"是全世界最美的女孩"（会造成对方信任度降低的反效果）；因为你没有走遍世界，怎么可能知道是否还有人比她更美？

魔法5：大题小做

大题小做，就是一种避重就轻的幽默方式，在适当时机使用，可以打开双方心结，让大事化无。

大题小做的魔法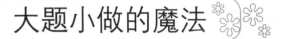

所谓大题小做，就是把很严重的事情以很轻松的方式看待；或是把很严重的大状况做了特别简单化的处理，可以说是一种"避重就轻"的幽默。

例如，有一天，老婆突然跟老公说："老公，我们再生一个孩子好吗？"而正跷着腿看报纸的老公也不泼老婆冷水，只闲闲地说："好啊！反正我只是'出力'而已。"

这使问话的老婆气绝，令听者喷饭的回答，就是故意把事情说得很轻松。

用幽默改变气氛

遇到无法避免的难题时，如果一直喊着："糟了糟了！惨了惨了！死了死了……"这样的女孩不会讨人喜欢，只会为周围的人带来压力。相反，如果遇事冷静沉着、关键时刻还能轻松面对的女孩，走到哪里都会是大受欢迎的最佳女主角！

幽默练习题

非吃不可

一个挨家挨户推销吸尘器的售货员某天来到一个新社区。

他敲了敲第一户人家的门，一位主妇来开门，还未等主妇开口，他就跑进客厅，把一罐酸奶倒在地毯上。他说：

飙得不过瘾

一位爱飙车的男士，某天载女友出游时猛踩油门，不改爱飙本性。

车子从台北飞驰到淡水，终于停了下来。

共享

某人在自家墙壁上钉钉子，结果不小心敲得太用力，钉子竟穿透了墙壁。他只好到隔壁对邻居表示歉意：

原谅的艺术

有时候，要真心原谅一个人，真的不是件容易的事；通常，我们只是表面上暂时原谅，但心里还是对这件事耿耿于怀。

当我们无法立刻释怀，却又不想让对方以为他的行为根本没有造成任何伤害，可以利用言语点一下对方，也释放一下心里的压力。

比如，当有人踩坏你新的名牌高跟鞋，并且跟你道歉，但是你真的很心疼时，就不要只回答说："没关系啦！"而可以这样回答："希望你刚好是这家名牌店的总经理，这样我这双鞋送修至少可以省个几千块……"对方一定听得出来你心里酸酸的。

魔法6: 顺水推舟

顺水推舟，指的是"坚持主题到结束"的意思，在起、承、转、合之间，这类笑话的构成其实是一直坚持到主题结束。

经典范例

早年歌厅秀非常流行的年代，黑道包档包秀的情况非常严重，由于混混随时都在艺人身边穿梭，所以经常出事。有一次，一伙明星下了秀场以后，一起去吃宵夜，在座的明星都是熟面孔，格外引人注目。

旁边一桌兄弟发现了，突然挑衅地向艺人这桌喊了一声："喂，你们还不快点过来敬酒！"

尽管所有的艺人都听到了，却没人移动半步，毕竟双方又不认识，凭什么要过去敬酒？更何况对方态度还那么恶劣！

喊话的兄弟见没人移动，火大地摸出一把枪来，对着天花板"砰"地开了一枪！

这一枪把艺人全吓得躲到桌子底下，其中只有一个仍直挺挺地坐在原位不动。

兄弟们见了，倒也不想把事闹大，便悻悻然地离去，这时所有的艺人才从桌子底下爬出来，对坐得直挺的那人赞道："哇！你好有种！"

那人苦笑："我也想躲啊！

哈！是因为不像你那么会整理头发，才干脆剪个简单的发型啦！

哇！短发好适合你～

只是，桌子底下已经没有位置了。"

顺水推舟的魔法

所谓的顺水推舟，指的是"坚持主题到结束"的意思，在起、承、转、合之间，这类笑话的构成其实是一直坚持到主题结束。

这一类型的幽默表现手法，在名主持人的口中屡见不鲜，甚至是各种幽默类型技巧中最惯用的一招。举个例子来说，当台上一群表演者纷纷以开玩笑的口气批评在场的某一人丑时，主持人往往会站出来"独排众议""仗义执言"：

"你们怎么可以一直批评他的长相？这样太没有风度了！其实——我们只要把他的脸马赛克起来，就不会吓到观众了！"

本以为要跳出来解围的主持人最后变成落井下石者，这个笑料就成立了！

讲类似的笑话，通常要用在最后一句，同时语气要非常清楚、明白，一次就让听者会意才行；谨记"解释是笑话的致命伤"，如果讲不清楚、然后再来解释，那这个笑料就失败了！

一般来说，这一类型的幽默很适合由团体活动、群众聚会的主讲者发挥，而且通常"笑果"不错。

他觉得我太瘦了！所以不喜欢……

怎么会？你如果到非洲莫桑比克还算胖的咧！

回捅一刀

以下是错误的幽默方式，请避免：
有个妈妈带着她的小宝贝去花莲旅行，在火车上，她不断哄着她的宝宝。突然，有个乘客好奇地把头凑过来，不经意地说："哇！好瘦的宝宝！"
妈妈听了非常难过，觉得自己的孩子被人嫌丑，不禁泪如雨下。

有位好心的乘客看她哭得这么伤心，就安慰她说："这位太太，不要伤心了啦！凡事都要看开点，没有解决不了的事嘛！好了，不要哭了，我去帮你倒杯水。"

（错误示范，越帮越忙）

好心乘客倒来了一杯水，对妈妈说："好了，别哭了，把这杯水喝了会舒服一点，还有，这根香蕉是给你的'猴子'吃的！"

另外还有一个同类型的笑话——

小明的头从小就比同龄的孩子大，在学校里常被同学嘲笑，甚至封他一个"大头"的绰号。

某一天，小明又哭哭啼啼地回家。

妈妈："宝贝，你怎么哭了？"

小明："同学都笑我的头大得像怪物……"

妈妈："怎么会呢？你在妈妈心目中永远是最可爱的孩子，而且你的头一点都不大啊！"

小明："真的吗？妈妈，你是不是在骗我？"

妈妈："妈妈怎么会骗你呢？你的头真的一点都不大啊！乖，别哭了，去帮妈妈买2斤米吧！"

小明："2斤？那很多耶！拿什么去装啊？"

妈妈："拿你的帽子就够了。"

贪吃

某个好吃的人上了天堂——天堂审判官：

吝于赞美

没有好话

你觉得我这件衣服怎么样?

好!

难道没有一点儿优点吗?

很特别。

怎么个特别法呢?

特别恶心!

旧恨难消

工厂老板问被开除的工人:

听说,你要在我死后到我的坟上去吐口水?

放心吧,我已经改变主意了,我没有排队的耐心!

被开除的工人回道:

150

非买不可

我要你说，这不是我的衣服，说一百遍！

这不是我的衣服、这不是我的衣服、这不是我的衣服……好了，现在可以去买那件不是我的衣服了吗？

换个角度切入

以下是正确的用法，请记住：

我们在生活中，经常会遇到别人向我们吐苦水或诉苦的时候，对方期待听到安慰体己的话，所以我们要做的，不是扭曲或否定现实，一直告诉对方："不是这样的！"或者"他是骗你的！"而是要巧妙地以乐观的角度，帮助对方的心情好转。

不要只是一味地安慰对方、陪对方叫骂、宣泄情绪，那都不是正面的人际交往态度；能使对方感受到被安慰和认同的喜悦，心情从黑白变成彩色的，这样才能展现社交女王的幽默功力啊！

我变胖了，衣橱里的衣服都穿不下了……

这样刚好可以狂买新衣服啊！多好~

所以，下一次当你遇到朋友在向你吐苦水，请不要与她一起"随波逐流"，被她的情绪牵着走；你要做的，是"顺水推舟"，把她这艘因为惊慌而暂时摇晃不停的小船，导向平稳的海面上顺畅地航行，这样才是真正的社交女王！

第八课
社交女王的幽默进阶班

知道了展现幽默的基本功之后，现在起要练习更高段的实战技巧喽！幽默不但可以娱人，也可以防身；学会这章里的几个招数，你的幽默可以更收放自如！

魔法7：说反话

凡是说出口的话，与对方心里所想的"正好相反"，都会造成没有默契的矛盾式幽默，无厘头得让人想笑！

经典范例

老爸笑着对女儿说："女孩子学空手道，谁敢娶你！"

女儿撒娇地说："等我学会了，看谁敢不娶我！"

"正好相反"的魔法

最典型的"说反话"，是思维与对方正好相反，说法也是恰恰相反；这种"打对台"的戏码，会让第三者觉得很有趣。

"倒过来说"或"倒过来想"的用意，主要是增加趣味感。

"说反话"也是一种好方法；不过，它着重在"换个角度思考"，用一种比对方更高明的说法，做出与结论相反的雄辩之词，而使人觉得有理。

某男子欲跳楼轻生，各家电视台纷纷做现场转播。警方在与男子几番周旋无效后，请来其好友，动之以情，等待突破其心理防线。

像你这种坏脾气，哪个不怕死的男人敢追你？

那就表示，敢来追我的就是男人中的男人啦！

好友说："阿一，天下有什么事值得你赔上一条宝贵生命？"

阿一听了，默默不语。

好友乘胜追击："更何况，你不想想自己，也该想想家中的老婆。"

话才说完，只见阿一眼一闭，毫不犹豫地转身一跳。

在这个笑话中，欲跳楼的男子便是由于思考方式与劝说者不同所致；所以，他虽然不是"倒过来说"，却是"倒过来想"。凡是此类思考与对方"正好相反"的幽默，均属于这一类。

"正好相反"的魔法

这种幽默的说话技巧，其实就是典型的"耍嘴皮子"。这种耍嘴皮子在缺乏幽默感的人眼中也许是无厘头，但懂得欣赏的人却觉得有趣、幽默，从而增加交谈者的交情。

事实上，正由于它的不合逻辑，甚至造成矛盾，才是它有趣的主因。

A学生："我老爸以为学习拳击是一件坏事。"

B学生："怎么啦，你想改变他的观念？"

A学生："如果能改变我老爸对打拳的看法……"

B学生："怎么样？"

A学生："叫我不打拳都可以！"

在以上的例子中，原本热衷打拳的孩子，说到最后竟然因为想要改变老爸对打拳的观念，叫他不打拳都可以，像这样与当事人意志相反的矛盾，是很容易产生谐趣的。

某个外文系毕业的女人，对英文能力极差、无法适应美国生活的老公说："喏，这是英文版的离婚协议书，你只要在有铅笔画线的地方签字就可以了。

老公一边查英文字典，一边研究那份文件："我不习惯在不熟悉的文件上签名。"

老婆不满地说："那你当初为什么连结婚证书都不看清楚就签了？"

老公继续查英文字典："这个字……"

老婆不耐烦地说："凭你的英文程度，等搞懂这些意思，我们早就白头偕老了！"

这种幽默表现手法，与"教我不打拳都可以"的例子，是不是很像？

会不会煮饭

两位刚结婚不久的先生在聊天时，各自谈到他们的太太。

唉，我太太真麻烦，她会煮饭却偏偏不肯煮。

唉，我太太更麻烦，她不会煮饭却偏偏要煮。

投保寿险

世上最不孝的人，就是劝自己的父亲投保寿险。

但是，世上最爱子女的人，就是参与寿险的父亲！

幽默的智慧

要幽默也要有智慧！

无厘头，逗得大家开怀大笑！

这几年，日本演艺圈走红了好几位女谐星。这些女谐星里，有礼仪讲师、青春偶像、空姐等，各种令人意想不到的出身；然而，为什么她们选择放弃原来的形象，走到荧幕前来，做出各种无厘头的反应和动作来逗大家笑？

这个问题的答案，在台湾也可以找得到。许多玉女歌手转战偶像剧，演出的却是扮丑、搞笑，结果更是让她们红透半边天！这股新兴的亚洲趋势，显示出女性的无厘头幽默，已经为社会所接受，甚至深受大众喜爱，成为一种另类的魅力展现方式。

一项杂志的统计显示，"看起来呆呆的女孩，会让人有想保护的冲动。"不少男人喜欢说话带点无厘头的女孩，因为那会为生活制造出不少乐趣，在此提起仅为女人们作为参考！不是鼓励大家要笨，而是偶尔使用一些幽默小诀窍，卸下女强人的面具，会让你更受欢迎！

魔法8： 自我解嘲

自我解嘲是一种牺牲小我以取悦别人的方法，自己亏自己，因为自己是主导者，所以通常没有别人亏自己那么痛，这也是交朋友的好方法。

经典范例

有三个人一起去吃饭，分别是天主教神父、新教牧师、犹太教拉比。

他们点了一条很大的鱼，不久，厨师烧好了鱼，便请侍者端上桌，三人各自用自己的话做了餐前的祈祷。

天主教神父说："罗马教皇是教会的领头人物，所以我应该吃鱼头。"说完，就把鱼切成两半，将鱼头连同鱼身前半部放进自己的盘子里。

这支漂亮的唇膏最适合漂亮的我了！

不涂唇膏，最适合崇尚自然的我了！

接着，新教牧师说："我们掌握了最后的真理，所以我应该吃鱼尾。"说完，就把有鱼尾的后半部放进自己的盘子里。

这时，盘中只剩下少许的蔬菜和酱油。

犹太教拉比一看，只好说："犹太教最忌讳走两个极端了！"然后就将剩下的蔬菜和酱油扫进自己的盘中。

"自我解嘲"的魔法

犹太教拉比在这种情况之下，还能不失幽默地自我解嘲，实在堪称达观！

自我解嘲是一种牺牲小我以取悦别人的手腕，自己亏自己，因为自己是主导者，所以通常没有别人亏自己那么痛，这也是交朋友的好方法。懂得自我解嘲的人，往往人缘很好；毕竟，人都是有自尊心的，不喜欢被骂，也不喜欢在人前出糗；奇怪的是，却很喜欢看别人被亏、看别人出糗，既然不能骂对方，就只好亏自己喽！

哲学家苏格拉底是个典型的"妻管严"，他就是自我解嘲的个中好手。

话说苏格拉底的妻子非常泼辣，常常疾言厉色地对待他，有一次，她又激烈地责备苏格拉底。

苏格拉底一直默默无言，没有吭声，妻子见他没有反应，更加恼怒，提起一桶水就朝他泼去。

浑身湿透的苏格拉底也不生气，只说："我就知道，雷声之后，必有大雨。"

自我解嘲的说话技巧有很多种，有时候是在不得已的情况下被迫自我调适；有时是在自信满满的情况下主动表态；有时则是在危急的情况下作为化解难堪的应对之词。

① 阿Q式的自我解嘲

有个流浪汉经过一家牛排馆，突然肚子饿了，明明身无分文，但他还是走进牛排馆，点了一份菲力牛排，大大方方地吃了起来。

吃到一半，牛排馆老板发现他就是常来吃霸王餐的流浪汉，赶紧递上账单，要求他先结账后再吃，但流浪汉却不予理会，摆明是来白吃白喝的。

老板于是拿出棍子将流浪汉痛打一顿，不过他打他的，流浪汉还是照吃不误，还暗自欢喜地说：

"天啊，这家牛排馆服务真是贴心，居然还拿着棍子逼着我吃牛排！"

② 名家式的自我解嘲

有人见毕加索家中连一张自己的画都没有，忍不住问他："大师，难道您不喜欢自己的画吗？"

毕加索回道："太喜欢了！可惜我买不起。"

③ 机智型的自我解嘲

一位颇具声望的学者应邀到某初中演讲，当校长引导他走向讲台时，因为走道太滑，他不小心跌了一跤，摔个四脚朝天，学生顿时哄堂大笑，弄得校长尴尬不已。

但学者却若无其事、不慌不忙地爬起来，拍拍灰尘，整整衣服，在一阵喧哗声中坦然说道："人生就是这样，跌倒了爬起来，再跌倒就再爬起来。"

这一段现身说法的开场白，每个学生听了都频频点头，于是便化解了难堪的场面。

彼此都差　幽默练习题

158

被花盆砸了

昨晚约会如何？

我站在窗下对她唱情歌，她激动极了，扔给我一枝花。

那你头上的包是怎么回事？

她忘记把花从花盆里取出来。

打成平手

听说贵班的篮球队昨天比赛时一路落后，败得很惨，有这回事吗？

没这么严重啦，刚开始我们还打成平手！

当时比分几比几？

0比0。

运动量最多的部位

法国滑稽小说、戏剧的创始者保罗·斯卡龙 28 岁就因生病而行动不便，无法正常活动，但他却非常爱吃东西，而且食量十分惊人。

朋友看他这种异于常人的吃法，很关心地问他：

老史啊，你运动量那么少，又吃那么多东西，这样没有问题吗？

你说什么啊？我全身上下运动量最多的就是我这个胃了！

魔法9：以谬制谬

以谬制谬的幽默，就是负负得正；既然大家"乱问"（不合理的要求），你就"乱答"（婉转地突显出对方的荒谬），那就没错了！

经典范例

德国著名物理学家威廉·康拉德·伦琴在 1895 年发现了一种特殊射线，便以他的名字命名为"伦琴射线"，也就是我们现在说的 X 光，当时轰动了整个德国。

不久后，有个人写了一封信给他："先生，您好，我胸中还有一颗战争留下的子弹，请您寄一点'伦琴射线'给我，并附上医疗方法的说明。"

威廉·康拉德·伦琴当然觉得这个人很没礼貌，但是他没发火，而是很幽默地写了一封信给对方：

"先生，您好，很感谢您关心'伦琴射线'，不过，很遗憾的是，邮寄这种射线极为困难，所以还是请您将胸腔寄来，并附一份病情说明书吧！"

"以谬制谬"的魔法

"伦琴射线"哪是说寄就寄的？对于这样荒谬、不合理的要求，大可置之不理，但伦琴却幽了对方一默，这就是所谓的"以谬制谬"，在幽默的领域中留下一个精彩的例子。"以谬制谬"简单地说就是"乱问乱答"，当你不方便拒绝别人不合理的要求，或是直接拒绝会导致不必要的紧张时，就可以用这种方法去应对。这样的幽默方法，可以婉转地突显出对方要求的不妥之处，比正面顶撞高明多了！

秦始皇时代，为求长生不老之药，方士云集，仙术众多，各地传说亦纷至沓来，于是出现了一诗："忽闻海上有仙山。"

一位学者被问到仙山在哪，他的回答可妙了："山在虚无缥缈间。"

这就是一种以谬制谬的标准幽默，反正本来就没有仙山，既然大家"乱问"（不合理的要求），我就"乱答"（婉转地凸显出对方的荒谬之后），那就没错了！

古代作家冯梦龙的《笑林广记》一书中有个笑话：

塾师打瞌睡，学生问："塾师刚才干什么？"

塾师答："去见周公了。"

后来学生也打瞌睡，塾师责备他，学生说："我也去见周公了。"

塾师又问："你真的见了周公？周公对你说些什么？"

学生说："他说他刚才没有看见你。"

塾师自称去见周公，学生当然也可以去见周公，学生后来说的话，显然就是以谬制谬。

有一则网络上流传的笑话"听大树说话"，与塾师梦周公的故事有异曲同工之妙：

天兵一号有天摸鱼被抓——

班长："看见100米外那棵大树没？"

天兵："报告班长，有！"

班长："现在跑过去听听它在说什么！"

天兵："啊？"

班长："啊什么啊？快去！"

几分钟后。

天兵："报告班长，它没有说话。"

班长："混蛋！一定是你没有用心听，再给我过去！"

又过了几分钟后。

天兵："报告班长，大树说话了！"

班长："哦？它说什么？"

当我的天线接触到你的雷达时，产生了感应，你没察觉吗？

有，我的雷达说你的天线坏掉了！

天兵："它请班长过去一下，它有话对班长说……"

明知是说谎，却不敢拆穿事实，只好用"以谬制谬"这一招。

答录机对答录机

美国某研究所的教授必须参加一个重要会议，但他又不想耽误学生的课业，于是便把上课要讲授的内容先录下来，要 7 位研究生按时来教室听录音。

结果当教授提前结束会议赶回教室时，却发现教室里没有学生，而他的答录机依然还在放音，只是——旁边多了 7 台正在录音的答录机。

重新怀孕

有个农夫坐船出门，船上有对富家夫妇，贵妇已经怀孕 7 个月了。船上人多拥挤，农夫不慎踩了贵妇的脚，贵妇很生气，扯着农夫便打，但由于用力过猛，自己先摔倒在地，流产了。

富人急了，拉着农夫就去告状，要求赔偿损失，审判官听清楚了情况，就对农夫说了下面图中的话。

富人一听，气得说不出话来，只好扶着妻子走了。

认真给

鲁迅是一个外表不拘小节的人，他在厦门大学任教时，由于工作繁忙，经常一个多月才上一次理发店。有一次，他穿着褪色的灰色长布衫，脚上套着旧布鞋，来到闹区一家装潢时髦的理发店，理发师看到他这身打扮，心里有些瞧不起，冷冷地招呼他坐下，马马虎虎地剪了起来，不到10分钟就剪好了。

意外的是，鲁迅随便就从口袋中掏出一大把铜钱塞在理发师手里，这是理发价格的好几倍，让理发师大喜过望。

一个月后，鲁迅又来到这家理发店，碰巧又遇到这位理发师，理发师立刻热情招待，足足花了40分钟仔仔细细地理发，然后等着鲁迅大把地给钱。

可是鲁迅这次却依照正常的价格付钱，理发师大惑不解地问："为什么我不认真理发，你反而给那么多；这次我给你剪得这样仔细，你却没有多给钱？"

鲁迅说："你胡乱剪，我就胡乱给；你认真剪，我只好认真给了！"

魔法10：将计就计

"将计就计"的幽默表现法，就是根据对方的词汇加以延伸、发挥，你必须要有"兵来将挡、水来土掩"的能耐。

经典范例

有一位优秀的军校学生被派去美国受训，但英文并非他最拿手的科目，所以最令他紧张的就是"即席测验"了。

有一天，教授突然分发考卷要大家作答。

第一题很容易："现任国务卿是谁？"他立刻写下国务卿的英文名字。

第二题是："他的妻子是谁？"他一时答不出来，只好发挥"视力"，以弥补"实力"之不足。

走那么快，你赶着去投胎啊？

对啊！看能不能赶上你的速度。

在紧要关头之下，他偷偷瞄了一眼邻座女同学的考卷，急忙照抄。

结果交卷之后，他一对答案，才发现自己写错了，最惨的是——他居然抄了那位女同学的名字！

结果隔天教授又发下考卷，要每个同学写下一则幽默小品，他干脆把这件糗事写下来，以求心安。

结果，他的第一份试卷得了D，第二份得了A。

"将计就计"的魔法

"将计就计"的幽默表现法，一定要根据对方的词汇加以延伸、发挥，别人用什么计策，就借用他的计策；换句话说，你必须要有"兵来将挡、水来土掩"的能耐。

英文课上，老师叫一位同学上台用英文造句，同学很为难地说："我的字很丑。"

老师说："好吧！那就请你上台献丑吧！"

这种"将计就计"的幽默语法，很像谜题上的"借代格"，根据对方的出招，来决定出什么招。例如：

一位男老师对两个在教室吵闹不休的女学生说："两个女人加起来，简直等于一千只鸭子。"

不久，老师的女友来访，一个女学生赶紧来向老师报告："老师，外面来了五百只鸭子。"

这就是所谓的"借代格"，老师既然认为两个女人加起来等于一千只鸭子，换算起来，一个女人当然等于五百只鸭子喽！这种利用对方的词语加以演绎的幽默法，就是"将计就计"。

再看这个例子：

父亲："我处罚你是因为我爱你，我的孩子。"

儿子："我知道，爸爸，可是我好像不应该得到这么多的爱……"

"将计就计"最重要的是，即使明知对方说谎，也不可以否定对方的话，而要借用对方的谎言加以延伸，以暴露出对方话语的不可靠，而制造笑点。

这样的说话方式就是以谬制谬的幽默技巧。

幽默练习题

再侮辱你一次

老板，你的小费只给100元，简直太侮辱我了！

那应该给多少才行？

至少再加个100元。

那怎么行？那不是再侮辱你一次吗？

抓头搔痒

一对吵了架的夫妻去找协调者，男方对协调者说：

她把我的脸抓伤了！

你不知道男人是你们全家的头吗？

难道我们家就不能抓头吗？

有口误，不是地雷

　　人在讲话时，难免会有"口误"的状况。有一位知名的人气主播，就曾把"两百多位鸡农"误报成"两百多只鸡农"，引起哄堂大笑，还引起了观众热烈地讨论。

　　就像我们会因为新闻主播出现口误而开怀大笑般，在日常生活中，我们也会因为咬字不清或口误而出现笑点，像是"到福华饭店护发护肤"和"南港展览馆"，就是一不小心会出现口误的地雷。

　　播音主持出现口误，是专业的地雷；日常生活里出现口误，却是欢笑的烟火。

　　下次再不小心把"南港展览馆"读成"南杆长郎广"时，请幽自己一默，笑着再重复一次，相信周围一定会洋溢着欢乐的笑声，为你的人际关系大大加分。

第九课
社交女王的幽默高级班

各位美女，辛苦了！终于来到社交女王的幽默终极魔法课程了，学会这个阶段的高级技巧，今后的人际互动将如鱼得水、无往不利!

魔法11：异想天开

虚构的笑话，在现实中完全没有可能发生。笑话创作者用夹议夹叙的方式，来表达看法、讽刺社会现状，也是一种幽默。

经典范例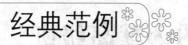

有一次，世界第一男高音和第二男高音在路上相遇。

身为意大利人的第一男高音，向身为西班牙人的第二男高音炫耀说，上上星期他在西班牙一间教堂演唱，唱到一半的时候，西班牙观众忽然纷纷叫着："啊呀，奇迹出现了，奇迹出现了！"于是他转头往身后一看，只见圣母玛利亚雕像的脸上流下了两行泪水。

"哦？真是太巧了！"第二男高音笑着说，他上星期也很凑巧地来到意大利一间教堂演唱，唱到一半的时候，意大利观众忽然纷纷指着他身后叫道："啊呀，奇迹出现了，奇迹出现了！"

于是他转头往身后一看，只见耶稣从十字架上走下来，握着他的手，由衷地赞美道："太好了！你唱得太好了……比起上星期在西班牙把我老妈弄哭的那个意大利胖子唱得好多了！"

来自"异想世界"的魔法

很显然，这两位男高音都是吹牛大王！这就是所谓的"异想天开"式的幽默，当一个笑话在建构的过程中，"剧情"几乎没有实现的可能，完全出自于天马行空的想象，就可以说是来自于"异想世界"的幽默！

有一天，一个人带着一只狗来到唱片公司，说他是这只狗的经纪人，还说这只狗很会唱歌跳舞。

唱片公司老板不相信，于是就叫小狗表演一次。

当音乐响起，小狗真的跟着音乐载歌载舞，唱片公司老板目瞪口呆地看着小狗，心中想着：这一次真的捡到摇钱树了，于是赶快拿出合约希望和小狗签约，没想到一只大狗突然冲进来，把小狗给叼走了。

唱片公司老板："这是怎么回事？"

经纪人无奈地表示："唉，那是他妈妈，他妈妈希望儿子成为一个医生，因为演艺圈太复杂了！"

这个虚构的笑话，在现实中完全没有发生的可能，笑话创作者用夹议夹叙的方式来表达看法、讽刺社会现状，也是一种幽默。

如果你也是个想象力和创作欲丰沛的女孩，可以试着构思这样的笑话，当作强化自己幽默感的练习；这个练习，能让你谈天说笑时更有逻辑，临场反应也会更快、更稳！

没有天生就会说笑话的天才，笑话冠军和歌唱冠军一样，都是经过平常一点一滴的练习和加强技巧才练就的公众魅力！

省钱

从前有个小气的人，父亲过世后，他找来道士超度亡魂，结果道士索价1000元，他砍成800元，道士也同意了。

于是，道士开始诵经：

幽默与创意的结合

在歌手梁文音的首张专辑里，主打歌《最幸福的事》和《我不是你想象那么勇敢》的MV，就是运用了这样的创意和幽默的结合，诉说了每个人心底最渴望得到却不小心遗失了的重要元素。

这种桥段的安排，充满逻辑与创意，能令人莞尔微笑，同时感动落泪，是具有深度的高超幽默表现。

魔法12：故弄玄虚

"故弄玄虚"，就是不直接说出答案，先卖个关子，用间接、抽象的语言来"虚晃一招"；精彩的不是结果，而是过程。

经典范例

有一天，小童的老师叫他买本日记本开始写日记，并且说明天要检查。

小童回家后，居然忘了这件事，直到晚上十一点多才想起来，但这时书店都关门了，不得已之下，他只好来到附近的夜市。

他向旧书摊的老板询问有没有日记本卖，老板看也不看就指向摊子的角落。

小童看到一本旧旧的日记本，便问老板："这一本多少钱？"

老板："这是一本很恐怖的日记本！"

小童："怎么个恐怖法？"

老板："价钱很恐怖。"

小童："多少钱？"

老板："一本200元！"

"这么恐怖啊！"小童摸摸口袋说："能不能150元？"

老板想了想，勉为其难地说："好吧，不过……"

小童："不过什么？"

老板："这是一本很恐怖的日记本，一定要等回家后才能拆开，但千万不能翻到最后一页，不然，我就不卖给你！"

小童："好吧！"

付了钱之后，小童把日记本带回家，由于实在很好奇，他忍不住拆开包装，直接翻开最后一页——

这时，一阵冷风吹过，"特价100元"几个字映入眼中，小童忍不住叹了一口气："真的很恐怖！"

"故弄玄虚"的魔法

所谓的"故弄玄虚"，就是不直接说出答案，先卖个关子，这种手法多半是绕着弯子的讲法，用间接的、抽象的语言来"虚晃一招"，精彩的不是结果，而是过程。

老李："你能保证吗？"

老王："没问题！"

老李："怎么保证？"

老王："如果骗你的话，我的'王'字倒过来写！"

这类的幽默语言，创作重点在于不一言道出，才有余味。由于表现手法带点迂回，显得特别有趣。

一个模特儿问画家："我要你老实说，在我之前，你究竟吻过多少个模特儿？"

画家说："一共有四个——一个花瓶、两个苹果，外加一个酒瓶。"

这种虚晃一招、故弄玄虚的幽默方式，对于喜欢追求生活情趣的女性可是很管用的！

特别座

鲁宾斯坦的钢琴演奏会马上就要开始了，这时，一位热情的女士闯进休息室：

魔法13： 各弹各调

各自站在自己的专业立场上，提出一套说法，形成辩论似的、令人忍俊不禁的趣味，就是"各弹各调"似的幽默。

经典范例

有三个人，正在争论什么是世界上最古老的行业。

外科医师说："《圣经》上曾提到，夏娃是亚当身上的一根肋骨造成的；所以，我这一行是最古老的行业。"

工程师说："不对，开天辟地时，地球上曾有过六天的大混乱，重建的工作就是靠我们。"

政治家说："你们有没有想过，这场大混乱是谁造成的？"

我觉得我一定会长命百岁！

因为祸害遗千年吗？

"各弹各调" 的魔法

当一个笑话进行时，是由许多不同背景的人轮流发言，他们各说各话、各弹各调，造成无厘头似的矛盾；或者各自依据自己的专业背景，提出自己的一套说法，形成令人忍俊不禁的趣味，就是"各弹各调"似的幽默。

这种幽默有两个要点：

（1）它的笑话结构是由多人发言组成，说话者各有立场，或各有其专业领域。

（2）把最好笑的那句话摆在最后，才能"戛然而止"，达到余味无穷的"笑果"。

不过，虽然是各弹各调、各自分类解说，却非乱谈，还是有一定章法——前面的人说的都只是伏笔，主要是要引出最后面那句令人意外的话。所以不论多少人说话，都必须针对同一个主题发言，否则就无法"聚焦"了！

例如以下三个人，就是引用公平交易法的"行话"来突显笑话的谐趣：

A："我老婆新婚第一天就跟我说，她是'货品售出，概不退换。'"

B："我太太在结婚第八天才告诉我，她有七天的'试用期'，不满意可以退货。"

C："我内人昨天才跟我讲，原来她早已过了保质期限。"

另外一种"各弹各调"，看似由两个人的对谈组成，甚至重点只在一个人身上，其中一个只是配角而已，不过主角谈话时却将主题关键字做了很特别的"分类解说"，所以也属于这一类的幽默。

投资人："喂，我是你们的股东啦，为什么你们的股价一直下跌？害我被套牢了啦！"

总机："太太，请问你手中有几张我们的股票？"

投资人："这不是重点，重点是……"

总机："太太，我这里只是总机。

"如果您手上只有两三张股票，请打电话给张老师……

"如果您拥有10张以上我们的股票，请打生命线……

"如果您拥有 50 张以上我们的股票，请打给主任……

"如果您拥有 500 张以上我们的股票，请打给总监……

"如果您拥有 1000 张以上我们的股票，请打电话给董事长……

"您可要找对人！"

等级更高

男子五部曲

女子五部曲

177

魔法14：弦外之音

这类笑话算是较为进阶、高级的幽默；英式幽默多半喜欢"绕圈子"，正是这一类的幽默。

经典范例

一个惧内的老公，为了让老婆对他好一点，便事先和医生套好招，由医生来"教化"自己的老婆。

预约门诊时间一到，他的老婆便陪他前往，经过仔细检查后，医生要求和这位老婆单独谈话，并对她说："你先生的病情十分严重，他需要一些特别的治疗，不然很可能会死去。"

老婆："怎样的特别疗法？我能为他做些什么？"

医生："一、每天早上你必须为他准备丰盛的早餐，然后以快乐的心情送他出门上班；二、为他准备有营养的午餐，让他有充分的体力应付一天的工作；三、当他下班回来时，你已经准备好晚餐，而且全是他喜欢的菜；晚餐时间绝对不要对他抱怨或唠叨，也不要叫他帮忙做家事；四、在家里他想干什么就要干什么。如果以上四点你都能做到，你先生就能完全康复。"

今天约会的感觉怎么样？

回去你就知道了！

两人开车回家的途中，老公故意问老婆："关于我的身体检查，医生怎么说？"

老婆回答："你死定了！"

"弦外之音"的魔法

所谓"弦外之音"，就是话中有话，当一个笑话不是直截了当地表达含意，而必须稍加思考才能体会时，通常都属于这一类型的幽默。这类笑话算是较为进阶、高级的幽默，如果没有一点儿程度或是缺乏想象力的话，是很难领略其中的乐趣的；英式幽默多半喜欢"绕圈子"，正是这一类的幽默。

这种"意在言外"的笑话，通常有以下3个要点：

（1）含意深远或有点迂回，需要稍微想一下。

（2）含有"原来如此"妙趣情节。

（3）含有共知的"双关语"或"典故"。

不过，所谓的"要想一下"，只是有点迂回，绝不能像猜谜似的难以理解，否则便尝不到"原来如此"的趣味了。

此外，幽默是需要共鸣的，而想要引起共鸣，就需要双方有所共识，说笑话者和听笑话者对这个"典故"都了然于心，才能一触动共识就激发共鸣，而引出笑点，否则可能会听不出任何趣味来！

有一位演讲家到他女儿就读的学校去演讲，期间有好几次学生们热烈鼓掌。回到家后，这位演讲家得意地对女儿说："爸爸的演讲得到了你们同学那么多次掌声，看来爸爸很受欢迎啊，你该感到很骄傲啊！"女儿笑嘻嘻地对父亲说："爸爸，我要告诉你一个秘密，每次我们同学鼓掌鼓得特别有劲，其实就是希望那个演讲的人快点结束。"

他一句话都没说

某天，老师发了考卷，叫小星拿回家给爸爸签名。

隔天，老师问小星：

天神的保佑

有一天，数学老师上课十分无趣，导致一大半的学生都纷纷打起瞌睡。

老师写满黑板后，看到一群学生都梦周公去了，盛怒之下大拍讲桌，把所有的人都震醒了，只有小维独自合掌闭目养神，而且还打呼噜。

老师走到小维身边，大声说：

看你平常是怎么上班的

小萍生病住院，公司几个同事一起前往探病。

魔法15：中外混搭

"中外混搭"，利用中西语言的转换使用来达成"笑果"。而这种"中外混搭"，可以造成很有趣的效果，让说话者给人可爱的感觉。

经典范例

某两位驻联合国常任代表曾以最简单的两个英文单词达成逗笑的目的——

"人生最惨的事，莫过于年轻的时候，爱上了一个女孩，当你说爱她时，她却说No。"

"其实这还不算惨，人生顶惨的事，是当一个人年纪大了，又遇到以前的恋人，你告诉她：'我老了，身体不行了。'而她却说Yes！"

对我有点信心好吗？哈哈……

你可不要变成SPIDERMAN(失败的男人）！

"中外混搭"的魔法

所谓"中外混搭"，是指利用中西语言的转换使用来达成"笑果"。而这种"中外混搭"，其实无需卖弄深奥的文字，也能展现这方面的能力；相反，像以上的例子，就算是Yes、No这么简单的词汇，只要会用，一样可以达到效果。

某处的老鼠备受猫的威胁，因为猫常埋伏在老鼠所居住的洞外，老鼠一出洞就会一命呜呼，于是老鼠们开会讨论，想到了一个自救的方法，就是要从洞穴中出去前，先往外扔一个铃铛试探一下，如果外头有猫，就会误以为老鼠跑出来而有一些反应，这么一来，老鼠就知道要绕道而行或暂避风头。

果然，当老鼠把铃铛一扔出去，守在洞外的猫常会"喵"的一声扑过来，成为老鼠的警讯，老鼠们就以这种方法度过了一段平安的日子。

后来，猫也想到了对策，一看到铃铛滚出来就学狗叫，听到"汪"的一声，老鼠误以为是狗，很放心地出了洞，马上被猫逮个正着。

现在的猫也会说外语啊？

汪！汪！

老鼠临死前问猫："为什么会有狗叫？"

猫说："开玩笑！这年头不会多讲一两种语言，怎么混得下去？"

由此可知，人们也是一样，若善用国际语言的变化，不但可以使语言更有魅力，也可以利用国际语言的趣味，来制造颇具异国情调的笑点。

幽默练习题

帮驴子上课

外语教授本来有一堂下午五点的课，但因为临时要外出，于是在黑板上写下："I will meet the class at 5:00."（我会在五点来上课）

当学生来到教室，看到黑板的留言，几个调皮的学生就把 class 的 c 擦掉，变成"I will meet the lass at 5:00."（我会在五点会见情妇）

当教授准时回来上课时，看到黑板上被修改的留言，他想了一下，再把 lass 的 l 擦掉，变成"I will meet the ass at 5:00."（我会在五点会见驴子）

然后，教授对着学生说："驴子们，上课了！"

乱翻一通

一个外国人在买电影票时,排在一个初中生后面,售票小姐因为不会说英文,就请初中生跟后面的外国人说:"请你告诉他,现在只剩站票,问他还要不要?"

这位很有自信的初中生就对外国人说:"No seat, you see no see? If see, stand see."(没位子,你看不看?如果要看就站着看)

外国人听了,对初中生说:"I don't understand your English."

初中生听了,就对售票小姐说:"他说他不懂英文!"

便秘的英文

一位英文不太好的少女到澳大利亚去玩,因为水土不服,好几天都没有大便,于是只好去看医生。

因为这种事不好意思讲,于是她就决定自己前往,但便秘的英文她实在不会,于是苦思许久,终于想出三句超 easy 的英文。

当医生问她哪里不舒服时,她先指着自己的嘴巴说:

魔法16： 幽默解围

幽默是沟通心灵的力量，而恰如其分的幽默可以减少精神压力，消除不必要的紧张和尴尬，拉近彼此之间的距离！

经典范例

丘吉尔有一个习惯，一天之中无论什么时候只要一停止工作，就会爬进热气腾腾的浴缸中洗澡，然后裸着身体在浴室里来回踱步。

有一次，他率代表到美国访问，下榻在白宫，与美国总统罗斯福研究共同对抗德国法西斯政权的问题。一天，当他在白宫浴室里光着身子来回踱步时，有人敲了浴室的门。

"进来吧！"他朝门口大喊，结果进来的是美国总统罗斯福。

哈哈哈……

我没有什么东西需要对你隐瞒的！

罗斯福看到他一丝不挂的样子十分尴尬，正想退出门去，没想到丘吉尔却说："进来吧，总统先生！"

他还张开双臂走向罗斯福，热情地呼唤说："大不列颠的首相是没有什么东西需要对美国总统隐瞒的啊！"

说完，这两位世界知名的人物便哈哈大笑起来。

"拉近关系" 的幽默魔法

从这个例子中，我们可以感受到，说话富于幽默感的人自然会为周围的人增添快乐、减少尴尬，增加彼此之间的情谊、减少距离感！

但是，像这样反应快而且充满幽默感的人并不多，因为这样的人平时都善于说笑话，而笑话又是口才中最难的技巧。

在美国的历届总统中，里根被一致公认为最富有幽默感的总统。

他曾说过："在生活中，幽默促进人体健康；在政治上，幽默有利于亲切的形象与人际加分！"

此外，在他就任总统后第一次赴加拿大访问期间，许多举行反美示威的人群不时打断他的演说，这使得陪同他的加拿大总理特鲁多双眉紧蹙、十分尴尬。

里根看到他这样，却面带笑容地对他说："这种事情在美国时常发生，我想这些人一定是特意从美国来到贵国的，因为我能感觉到，他们很努力地想使我有一种宾至如归的感觉。"

这个幽默的解围，使得紧皱双眉的特鲁多顿时眉开眼笑，也使得美加两国的关系非但没有遭到破坏，反而更加亲近了。

当然，里根能有这样超群的幽默感，与他过去是演艺界明星的训练有很大的关系！因为扮演的角色多了，练习过的台词类型也多，所以讲笑话时可以很自然地反应出来，不假思索地变成一种反射动作。

我们虽然没有像这样特殊的背景，但是我们如果可以从记忆各类型的笑话开始，习惯在日常生活中找寻适当的使用时机，一样能养成绝妙幽默感和应对技巧的！

可爱的童言童语

小婉到男朋友家拜年，第一次到男朋友的家中拜访，不敢到处走动，男方家人也很内向，她只好静静地和他们坐在客厅沙发上，气氛有些尴尬。

坐着坐着，她觉得不能再这样下去，一定要改变气氛才行！刚好看见一群亲戚的小孩们正在一旁玩耍，她就灵机一动，问了小朋友们一个问题："你们知不知道，肯德基和麦当劳，哪一个年纪大？"

结果，小朋友们的回答果然让全场哄堂大笑，因为：

看什么人说什么笑话

如果对不适当的对象使用，得到的"笑果"可能会出奇的"冷"！所以，下次说笑话前，要记得先根据说话对象挑选笑话题材，才能建立社交女王的地位，效果十足，幽默百分百！

图书在版编目（CIP）数据

女人受益一生的9堂口才课：全新图解版/美人沙龙（Beauty Salon）编著；夏易恩绘图. — 北京：中国华侨出版社，2016.11（2019.11重印）
ISBN 978-7-5113-6492-0

Ⅰ.①女… Ⅱ.①美…②夏… Ⅲ.①女性－口才学－通俗读物 Ⅳ.①H019-49

中国版本图书馆CIP数据核字(2016)第278586号

女人受益一生的9堂口才课：全新图解版

编　　著：美人沙龙
绘　　图：夏易恩
责任编辑：江　冰
封面设计：冬　凡
文字编辑：郝秀花
图文制作：北京水长流文化
经　　销：新华书店
开　　本：710 mm × 1000 mm　1/16　印张：12　字数：176千字
印　　刷：三河市兴博印务有限公司
版　　次：2017年3月第1版　2021年4月第4次印刷
书　　号：ISBN 978-7-5113-6492-0
定　　价：36.00元

中国华侨出版社　北京市朝阳区西坝河东里77号楼底商5号　邮编：100028
法律顾问：陈鹰律师事务所
发 行 部：(010) 58815875　　　　传　真：(010) 58815857
网　　址：www.oveaschin.com　　　E-mail：oveaschin@sina.com

如果发现印装质量问题，影响阅读，请与印刷厂联系调换。